LA BIBLIA EN UN MINUTO

PARA MUJERES

Disponible en inglés en Access Sales International
(ASI) P.O. Box 700143, Tulsa, OK 74170-0143,
Fax #918-496-2822

Publicado por **Editorial Unilit**
Miami, Fl. 33172
Primera edición 2001

Traducción: Guillermo Vázquez

Producto 496696
ISBN 0-7899-0902-2
Impreso en Colombia
Printed in Colombia

La Biblia en un minuto para mujeres

Es presentada a

_____

Por

_____

Lugar y fecha

_____

Contenido

Verdades acerca de las mujeres

Tú fuiste creada para un propósito. Hay un plan perfecto para tu vida. Nunca olvides que Dios te creó para una misión específica.

Él te ama.

Él te planificó.

Él programó tu nacimiento.

Él está unido a ti para siempre.

En verdad, Dios te ama tanto que envió a su Hijo, Jesús, para ayudarte. Jesús quiere ayudarte a realizar todos los sueños que Dios tuvo para que tú los cumplieras en esta tierra, cuando te creó. Todo lo que tienes que hacer es pedirle. «... pedid y recibiréis, para que vuestro gozo sea completo» (Juan 16.24).

Tu propósito en la vida no es una decisión tuya sino un descubrimiento.

Cuando yo era un adolescente oí una historia acerca de un granjero, cuyo hijo fue a la universidad. El padre estaba preocupado por la orientación que recibiría su hijo debido a las enseñanzas ateas. Sabía cuán convincentes y seductores serían estos hábiles comunicadores para propagar su enfermedad de duda.

Con el tiempo, sus temores fueron confirmados. Su hijo regresó a casa para una visita, obviamente teniendo ya serios conflictos con su fe en Dios.

Conversando un día bajo un viejo roble, repentinamente el hijo le dijo al padre: «Papá, ya no puedo creer en Dios nunca más. Mira esas calabazas allí en el suelo. Son grandes y pesadas, sin embargo tienen enredaderas pequeñas y tiernas.

Sin embargo, mira este gran roble: podría soportar el peso de las calabazas, pero solamente produce pequeñas bellotas. Si en realidad hubiera un Dios inteligente en este universo, hubiera colocado las calabazas en el roble y las pequeñas bellotas en la frágil enredadera.

De pronto, una bellota cayó del árbol y rebotó suavemente en la cabeza del joven antes de caer al suelo. Ante la verdad que lentamente aparecía ya ante sus ojos, este dijo avergonzado: «Papá, gracias a Dios que no era una calabaza la que cayó».

En algún momento de tu vida, tú también puedes cuestionar la existencia de tu Creador. Tu lógica siempre competirá con tu fe. Tu mente siempre competirá con tu corazón. Pero piensa una vez más en esto:

Un libro prueba que hay un autor.

Un poema prueba que hay un poeta.

Una canción prueba que hay un compositor.

Un producto prueba que hay un fabricante.

La creación prueba que hay un Creador. Solamente los tontos piensan que ellos llegaron primero. El necio ha dicho en su corazón: «No hay Dios» (Salmos 14:1a).

La prueba de la presencia de Dios pesa más que la prueba de su ausencia.

Dios existe.

El mundo está ordenado... por esa misma razón debe existir un Ordenador.

Como ves, algún día esto te herirá como una centella de luz: tu Creador es un Planificador... increíblemente organizado... meticuloso en los detalles... y, como cualquier fabricante de éxito, totalmente comprometido con el éxito de su producto: TÚ.

¿Por qué te creó Dios?

Fuiste creada para ser un instrumento de complacencia para Dios.

Digno eres, SEÑOR y Dios nuestro, de recibir la gloria y el honor y el poder, porque tú creaste todas las cosas, y por tu voluntad existen y fueron creadas.

Apocalipsis 4:11

Cuando tú complaces a Dios, Él te complace a ti.

... si obedeces diligentemente al SEÑOR tu Dios, cuidando de cumplir todos sus mandamientos que yo te mando hoy, el SEÑOR tu Dios te pondrá en alto sobre todas las naciones de la tierra.

Deuteronomio 28:1

Dios se agrada por todos los actos diarios de obediencia que progresivamente van completando sus sueños y sus metas para tu vida.

Y todo lo que pidamos lo recibimos de Él, porque guardamos sus mandamientos y hacemos las cosas que son agradables delante de Él.

1 Juan 3:22

Tus más ardientes deseos, talentos y oportunidades, revelan cuáles son los sueños y el llamamiento de Dios para tu vida.

Pero teniendo dones que difieren, según la gracia que nos ha sido dada, usémoslos: si el de profecía... si el de servicio... o el que enseña... el que exhorta... el que da... el que dirige... el que muestra misericordia...

Romanos 12:6-8

La oración de una mujer

Querido Padre celestial:

Sé que existes.

Sé que me creaste. Sé que me creaste para un propósito. Sé que tienes un plan perfecto para mi vida.

Gracias por ese plan. Gracias por amarme. Estoy unida a ti para siempre.

Padre ayúdame a recordar que fui creada para ser un instrumento que te agrade.

Quiero obedecerte. Hazme recordar tus mandamientos de manera que pueda hacer las cosas que son agradables ante tu vista.

Gracias por ayudarme a descubrir mis talentos y mi propósito en la vida. Gracias porque tú estás totalmente comprometido con mi éxito.

En el nombre de Jesús,

Amén.

La Biblia en un minuto para mujeres

ða ða ða
ACTITUD

Instruidme y yo callaré; mostradme en qué he errado.

Job 6:24 (B.d.l.A.)

Porque de la abundancia del corazón habla la boca .... Mas yo os digo que de toda palabra ociosa que hablen los hombres, de ella darán cuenta en el día del juicio. Porque por tus palabras serás justificado, y por tus palabras serás condenado.

Mateo 12:34b, 36, 37 (RV)

Airaos pero no pequeis; no se ponga el sol sobre vuestro enojo.

Efesios 4:26 (B.d.l.A.)

Hermanos, no os quejéis unos contra otros, para que no seáis condenados; he aquí, el juez está delante de la puerta.

Santiago 5:9 (RV)

Sea vuestro carácter sin avaricia, contentos con lo que tenéis, porque Él mismo ha dicho: Nunca te dejaré ni te desampararé.

Hebreos 13:5 (B.d.l.A.)

ða ða ða

Tu actitud determina
el momento
que vives.

Tributad al SEÑOR la gloria debida a su nombre; traed ofrenda, y venid delante de Él; adorad al SEÑOR en la majestad de la santidad.

1 Crónicas 16:29 (B.d.l.A.)

Bueno es dar gracias al SEÑOR, y cantar alabanzas a tu nombre, oh Altísimo; anunciar por la mañana tu bondad, y tu fidelidad por las noches.

Salmo 92:1-2 (B.d.l.A.)

Y sabemos que Dios no oye a los pecadores; pero si alguno es temeroso de Dios, y hace su voluntad, a ése oye.

Juan 9:31 (RV)

Te exaltaré mi Dios, oh Rey, y bendeciré tu nombre eternamente y para siempre. Todos los días te bendeciré, y alabaré tu nombre eternamente y para siempre.

Salmo 145:1-2 (B.d.l.A.)

Respondiendo Jesús, le dijo: Vete de mí, Satanás, porque escrito está: Al Señor tu Dios adorarás, y a él solo servirás.

Lucas 4:8 (RV)

🐦 🐦 🐦

La verdadera adoración no es
nada forzado. Es una intimidad
inevitable. Es la cámara nupcial
donde nace tu futuro.

✍ ✍ ✍
AMISTAD

Mirad cuán bueno y cuán agradable es que los hermanos habiten juntos en armonía.

Salmo 133:1 (B.d.l.A.)

El amigo verdadero es siempre leal, y el hermano es para que nos ayude en tiempo de necesidad.

Proverbios 17:17 (BD)

Hay "amigos" que fingen amistad; pero hay amigos más entrañables que un hermano.

Proverbios 18:24 (BD)

Mantente lejos de los hombres iracundos e irascibles...

Proverbios 22:24a (BD)

Más valen las heridas del amigo que los besos del enemigo .... Las sugerencias amistosas son tan agradables como el perfume. No abandones nunca a un amigo tuyo o de tu padre. Así no tendrás que acudir a un pariente lejano en busca de ayuda cuando la necesites.

Proverbios 27:6,9-10 (BD)

Nadie tiene un amor mayor que éste: que uno dé su vida por sus amigos. Vosotros sois mis amigos si hacéis lo que yo os mando.

Juan 15:13-14 (B.d.l.A.)

✍ ✍ ✍

Cuando Dios quiere bendecirte,
pone a una persona en tu vida.

19

AMOR

Las muchas aguas no pueden extinguir el amor, ni los ríos lo anegarán; si el hombre diera todos los bienes de su casa por amor, de cierto lo menospreciarían.

Cantar de los Cantares 8:7 (B.d.l.A.)

Un mandamiento nuevo os doy: Que os améis unos a otros; como yo os he amado, que también os améis unos a otros.

Juan 13:34 (RV)

Pues el Padre mismo os ama, porque vosotros me habéis amado y habéis creído que yo salí del Padre.

Juan 16:27 (B.d.l.A.)

Porque este es el mensaje que habéis oído desde el principio: Que nos amemos unos a otros.

1 Juan 3:11 (RV)

Amados, amémonos unos a otros, porque el amor es de Dios, y todo el que ama es nacido de Dios y conoce a Dios .... En esto consiste el amor: no en que nosotros hayamos amado a Dios, sino en que Él nos amó a nosotros, y envió a su Hijo como propiciación por nuestros pecados.

1 Juan 4:7-10 (B.d.l.A.)

Atraerás aquello que respetas. lo que no respetas se alejará de ti.

🐦 🐦 🐦
APARIENCIA

Pero el SEÑOR dijo a Samuel: No mires a su apariencia, ni a lo alto de su estatura, porque lo he desechado; pues Dios ve no como el hombre ve, pues el hombre mira la apariencia exterior, pero el SEÑOR mira el corazón.

1 Samuel 16:7 (B.d.l.A.)

Porque el SEÑOR se deleita en su pueblo; adornará de salvación a los afligidos.

Salmo 149:4 (B.d.l.A.)

El rostro feliz alegra el corazón; el ensombrecido demuestra que tiene el corazón despedazado.

Proverbios 15:13 (BD)

Vosotros veis las cosas según la apariencia exterior. Si alguno tiene confianza en sí mismo de que es de Cristo, considere esto dentro de sí otra vez: que así como él es de Cristo, también lo somos nosotros.

2 Corintios 10:7 (B.d.l.A.)

Y que vuestro adorno no sea externo: peinados ostentosos, joyas de oro ni vestidos lujosos, sino que sea el yo interno, con el adorno incorruptible de un espíritu tierno y sereno, lo cual es precioso delante de Dios.

1 Pedro 3:3-4 (B.d.l.A.)

🐦 🐦 🐦

La gente ve lo que eres antes
de oír lo que eres.

❧ ❧ ❧
ARREPENTIMIENTO

Si confesamos nuestros pecados, Él es fiel y justo para perdonarnos los pecados y para limpiarnos de toda maldad.

1 Juan 1:9 (B.d.l.A.)

Perdonaste la iniquidad de tu pueblo, cubriste todo su pecado.

Salmo 85:2 (B.d.l.A.)

Abandone el impío su camino, y el hombre inicuo sus pensamientos, y vuélvase al SEÑOR, que tendrá de él compasión, al Dios nuestro, que será amplio en perdonar.

Isaías 55:7 (B.d.l.A.)

Pues tendré misericordia de sus iniquidades, y nunca más me acordaré de sus pecados.

Hebreos 8:12 (B.d.l.A.)

Y cuando estéis orando, perdonad si tenéis algo contra alguien, para que también vuestro Padre que está en los cielos os perdone vuestras transgresiones.

Marcos 11:25 (B.d.l.A.)

❧ ❧ ❧

Todos los hombres caen.
Los grandes hombres se levantan.

🐚 🐚 🐚
ASISTENCIA A LA IGLESIA

Y que hagan un santuario para mí, para que yo habite entre ellos.

Éxodo 25:8 (B.d.l.A.)

Una cosa he pedido al SEÑOR, y esa buscaré: que habite yo en la casa del SEÑOR todos los días de mi vida, para contemplar la hermosura del SEÑOR, y para meditar en su templo.

Salmo 27:4 (B.d.l.A.)

Yo me alegré cuando me dijeron: Vamos a la casa del SEÑOR.

Salmo 122:1 (B.d.l.A.)

Guarda tus pasos cuando vas a la casa de Dios, y acércate a escuchar en vez de ofrecer el sacrificio de los necios, porque estos no saben que hacen el mal.

Eclesiastés 5:1 (B.d.l.A.)

Porque donde están dos o tres congregados en mi nombre, allí estoy yo en medio de ellos.

Mateo 18:20 (RV)

No dejando de congregarnos, como algunos tienen por costumbre, sino exhortándonos unos a otros, y mucho más al ver que el día se acerca.

Hebreos 10:25 (B.d.l.A.)

🐚 🐚 🐚

El ambiente determina lo
que crece dentro de ti.

❧ ❧ ❧
BIBLIA

No añadiréis nada a la palabra que yo os mando, ni quitaréis nada de ella, para que guardéis los mandamientos del SEÑOR vuestro Dios que yo os mando.

Deuteronomio 4:2 (B.d.l.A.)

En mi corazón he atesorado tu palabra, para no pecar contra ti. Lámpara es a mis pies tu palabra, y luz para mi camino.

Salmo 119:11, 105 (B.d.l.A.)

El cielo y la tierra pasarán, pero mis palabras no pasarán.

Marcos 13:31 (RV)

Toda Escritura es inspirada por Dios y útil para enseñar, para reprender, para corregir, para instruir en justicia, a fin de que el hombre de Dios sea perfecto, equipado para toda buena obra.

2 Timoteo 3:16-17 (B.d.l.A.)

Porque la palabra de Dios es viva y eficaz, y más cortante que cualquier espada de dos filos; penetra hasta la división del alma y del espíritu, de las coyunturas y los tuétanos, y es poderosa para discernir los pensamientos y las intenciones del corazón.

Hebreos 4:12 (B.d.l.A.)

❧ ❧ ❧

La única necesidad de Dios
es que creas en Él. Su único
dolor es que dudes de Él.

CAPACIDADES

Porque el SEÑOR será tu confianza.
Proverbios 3:26a (B.d.l.A.)

«No por el poder ni por la fuerza, sino por mi Espíritu» —dice el SEÑOR de los ejércitos.
Zacarías 4:6b (B.d.l.A.)

En verdad, en verdad os digo: el que cree en mí, las obras que yo hago, él las hará también; y aun mayores que éstas hará, porque yo voy al Padre.
Juan 14:12 (B.d.l.A.)

Entonces, ¿qué diremos a esto? Si Dios está por nosotros, ¿quién estará contra nosotros?
Romanos 8:31 (B.d.l.A.)

Mas nosotros tenemos la mente de Cristo.
1 Corintios 2:16b (B.d.l.A.)

No nos cansemos, pues, de hacer bien; porque a su tiempo segaremos, si no desmayamos.
Gálatas 6:9 (RV)

Todo lo puedo en Cristo que me fortalece.
Filipenses 4:13 (RV)

Porque los dones y el llamamiento de Dios son irrevocables.
Romanos 11:29 (B.d.l.A.)

Nada es nunca tan difícil
como parece al principio.

🐦 🐦 🐦
CARÁCTER

¡Cuán bienaventurado es el hombre que no anda en el consejo de los impíos, ni se detiene en el camino de los pecadores, ni se sienta en la silla de los escarnecedores, sino que en la ley del SEÑOR está su deleite, y en su ley medita de día y de noche!

Salmo 1:1-2 (B.d.l.A.)

Hazme justicia, oh SEÑOR, porque yo en mi integridad he andado, y en el SEÑOR he confiado sin titubear.

Salmo 26:1 (B.d.l.A.)

Nunca paguéis a nadie mal por mal. Respetad lo bueno delante de todos los hombres. Si es posible, en cuanto de vosotros dependa, estad en paz con todos los hombres.

Romanos 12:17-18 (B.d.l.A.)

Por lo demás, hermanos, todo lo que es verdadero, todo lo honesto, todo lo justo, todo lo puro, todo lo amable, todo lo que es de buen nombre; si hay virtud alguna, si algo digno de alabanza, en esto pensad.

Filipenses 4:8 (RV)

La integridad y la rectitud me preserven, porque en ti espero.

Salmo 25:21 (B.d.l.A.)

🐦 🐦 🐦

No puedes ser lo que no eres, pero puedes llegar a ser lo que no eres.

❧ ❧ ❧
CODICIA

Es posible repartir lo que se tiene y aumentar la riqueza; también es posible mostrarse avariento y perderlo todo. Sí; el hombre generoso se enriquecerá. Agua que da al prójimo es agua que vuelve a él.

Proverbios 11:24-25 (BD)

Despreciar a los pobres es pecado; bienaventurados los que se compadecen de ellos.

Proverbios 14:21 (BD)

El dinero mal habido trae dolor a toda la familia...

Proverbios 15:27a (BD)

Y les dijo: Mirad, y guardaos de toda avaricia; porque la vida del hombre no consiste en la abundancia de los bienes que posee .... Porque donde está vuestro tesoro, allí estará también vuestro corazón.

Lucas 12:15,34 (RV)

Porque Él mismo ha dicho: Nunca te dejaré ni te desampararé.

Hebreos 13:5b (B.d.l.A.)

No te fatigues tratando de hacerte rico. ¿Para qué pierdes tu tiempo? Las riquezas pueden desaparecer como si tuvieran alas.

Proverbios 23:4,5 (BD)

❧ ❧ ❧

El dar es la única prueba de haber superado la avaricia.

27

COMPASIÓN

Mas Él, siendo compasivo, perdonaba sus iniquidades y no los destruía; muchas veces contuvo su ira, y no despertó todo su furor.

Salmo 78:38 (B.d.l.A.)

Luz resplandece en las tinieblas para el que es recto; Él es clemente, compasivo y justo.

Salmo 112:4 (B.d.l.A.)

¿Puede una mujer olvidar a su niño de pecho, sin compadecerse del hijo de sus entrañas? Aunque ellas se olvidaran, yo no te olvidaré.

Isaías 49:15 (B.d.l.A.)

Y salió Jesús y vio una gran multitud, y tuvo compasión de ellos, porque eran como ovejas que no tenían pastor; y comenzó a enseñarles muchas cosas.

Marcos 6:34 (RV)

En conclusión, sed todos de un mismo sentir, compasivos, fraternales, misericordiosos y de espíritu humilde.

1 Pedro 3:8 (B.d.l.A.)

Aquellos que despiertan tu compasión son aquellos a quienes tú les has sido asignado.

CONFIANZA PROPIA

El SEÑOR es mi luz y mi salvación; ¿a quién temeré? El SEÑOR es la fortaleza de mi vida; ¿de quién tendré temor?

Salmo 27:1 (B.d.l.A.)

Es mejor refugiarse en el SEÑOR que confiar en el hombre.

Salmo 118:8 (B.d.l.A.)

Porque el SEÑOR será tu confianza, y guardará tu pie de ser apresado.

Proverbios 3:26 (B.d.l.A.)

Vosotros no me escogisteis a mí, sino que yo os escogí a vosotros, y os designé para que vayáis y deis fruto, y que vuestro fruto permanezca.

Juan 15:16a (B.d.l.A.)

Estando persuadido de esto, que el que comenzó en vosotros la buena obra, la perfeccionará hasta el día de Jesucristo.

Filipenses 1:6 (RV)

Hijos míos, vosotros sois de Dios y los habéis vencido, porque mayor es el que está en vosotros que el que está en el mundo.

1 Juan 4:4 (B.d.l.A.)

Todo lo puedo en Cristo que me fortalece.

Filipenses 4:13 (B.d.l.A.)

Fuiste creado para cumplimiento.
Fuiste diseñado para el éxito.

COMPROMISO

Encomienda al SEÑOR tu camino, confía en Él, que Él actuará.

Salmo 37:5 (B.d.l.A.)

Encomienda tu obra al Señor, y tendrás éxito.
Proverbios 16:3 (BD)

Sin embargo, respecto a la promesa de Dios, Abraham no titubeó con incredulidad, sino que se fortaleció en fe, dando gloria a Dios, y estando plenamente convencido de que lo que Dios había prometido, poderoso era también para cumplirlo.

Romanos 4:20-21 (B.d.l.A.)

Y no nos cansemos de hacer el bien, pues a su tiempo, si no nos cansamos, segaremos.

Gálatas 6:9 (B.d.l.A.)

Hermanos, yo mismo no pretendo haberlo ya alcanzado; pero una cosa hago: olvidando ciertamente lo que queda atrás y extendiéndome a lo que está delante, prosigo a la meta, al premio del supremo llamamiento de Dios en Cristo Jesús.

Filipenses 3:13-14 (RV)

🐦 🐦 🐦

Compromiso es tu decisión final
de llenar las necesidades
de aquellos a los que Dios
te ha llamado a servir.

🐦 🐦 🐦
COMUNICACIÓN

Tus oídos oirán detrás de ti una palabra: Este es el camino, andad en él, ya sea que vayáis a la derecha o a la izquierda.

Isaías 30:21 (B.d.l.A.)

No os dejéis engañar: Las malas compañías corrompen las buenas costumbres.

1 Corintios 15:33 (B.d.l.A.)

El que es enseñado en la palabra, haga partícipe de toda cosa buena al que lo instruye.

Gálatas 6:6 (RV)

No salga de vuestra boca ninguna palabra mala, sino sólo la que sea buena para edificación, según la necesidad del momento, para que imparta gracia a los que escuchan.

Efesios 4:29 (B.d.l.A.)

Sin embargo, bien hicisteis en participar conmigo en mi tribulación.

Filipenses 4:14 (RV)

Pero ahora, desechad también vosotros todas estas cosas: ira, enojo, malicia, maledicencia, lenguaje soez de vuestra boca.

Colosenses 3:8 (B.d.l.A.)

🐦 🐦 🐦

Si lo que dices a alguien no puede ser dicho a todos ¡entonces no lo digas a nadie!

J.E. Murdock

Aunque pase por el valle de sombra de muerte, no temeré mal alguno porque tú estás conmigo; tu vara y tu cayado me infunden aliento.

Salmo 23:4 (B.d.l.A.)

Porque en el día de la angustia me esconderá en su tabernáculo; en lo secreto de su tienda me ocultará; sobre una roca me pondrá en alto.

Salmo 27:5 (B.d.l.A.)

En el SEÑOR se gloriará mi alma; lo oirán los humildes y se regocijarán. Engrandeced al SEÑOR conmigo, y exaltemos a una su nombre. Busqué al SEÑOR y Él me respondió, y me libró de todos mis temores.

Salmo 34:2-4 (B.d.l.A.)

Dios es nuestro refugio y fortaleza, nuestro pronto auxilio en las tribulaciones. Por tanto, no temeremos aunque la tierra sufra cambios, y aunque los montes se deslicen al fondo de los mares; aunque bramen y se agiten sus aguas, aunque tiemblen los montes con creciente enojo.

Salmo 46:1-3 (B.d.l.A.)

No os dejaré huérfanos; vendré a vosotros.

Juan 14:18 (B.d.l.A.)

❧ ❧ ❧

La crisis siempre ocurre en el momento del cambio.

La respuesta suave aparta el enojo, pero las palabras ásperas provocan disputas.

Proverbios 15:1 (BD)

Bienaventurados sois cuando por mi causa os vituperen y os persigan, y digan toda clase de mal contra vosotros, mintiendo.

Mateo 5:11 (RV)

También le preguntaron unos soldados, diciendo: Y nosotros, ¿qué haremos? Y les dijo: No hagáis extorsión a nadie, ni calumniéis; y contentaos con vuestro salario.

Lucas 3:14 (RV)

Amad, pues, a vuestros enemigos, y haced bien, y prestad, no esperando de ello nada; y será vuestro galardón grande, y seréis hijos del Altísimo; porque él es benigno para con los ingratos y malos.

Lucas 6:35 (RV)

Teniendo buena conciencia, para que en aquello en que sois calumniados, sean avergonzados los que difaman vuestra buena conducta en Cristo.

1 Pedro 3:16 (B.d.l.A.)

ða ða ða

Nunca emplees más tiempo
en una crítica que el que
darías a un amigo.

🐚 🐚 🐚
DEPRESIÓN

Mas tú SEÑOR, eres escudo en derredor mío, mi gloria, y el que levanta mi cabeza. Con mi voz clamé al SEÑOR, y Él me respondió desde su santo monte. Yo me acosté y me dormí; desperté, pues el SEÑOR me sostiene.

Salmo 3:3-5 (B.d.l.A.)

El llanto puede durar toda la noche, pero a la mañana vendrá el grito de alegría.

Salmo 30:5b (B.d.l.A.)

Nuestra alma espera al SEÑOR; Él es nuestra ayuda y nuestro escudo.

Salmo 33:20 (B.d.l.A.)

¿Por qué te abates alma mía, y por qué te turbas dentro de mí? Espera en Dios, pues he de alabarle otra vez. ¡Él es la salvación de mi ser, y mi Dios!

Salmo 42:11 (B.d.l.A.)

El SEÑOR guardará tu salida y tu entrada desde ahora y para siempre.

Salmo 121:8 (B.d.l.A.)

[Él] sana a los quebrantados de corazón, y venda sus heridas.

Salmo 147:3 (B.d.l.A.)

🐚 🐚 🐚

La lucha es prueba de que todavía no has sido conquistado. La guerra siempre acompaña al nacimiento de un milagro.

🐝 🐝 🐝
DESCANSO

Y en el séptimo día completó Dios la obra que había hecho; y reposó en el día séptimo de toda la obra que había hecho.

Génesis 2:2 (B.d.l.A.)

En verdad, con tartamudez de labios y en lengua extranjera, Él hablará a este pueblo, al cual había dicho: Aquí hay reposo, dad reposo al cansado; y: Aquí hay descanso. Pero no quisieron escuchar.

Isaías 28:11-12 (B.d.l.A.)

Venid a mí todos los que estáis trabajados y cargados, y yo os haré descansar.

Mateo 11:28 (RV)

Hay un tiempo señalado para todo, y hay un tiempo para cada suceso bajo el cielo. Tiempo de amar, y tiempo de odiar; tiempo de guerra, y tiempo de paz.

Eclesiastés 3:1, 8 (B.d.l.A.)

Llevad mi yugo sobre vosotros, y aprended de mí, que soy manso y humilde de corazón; y hallaréis descanso para vuestras almas; porque mi yugo es fácil, y ligera mi carga.

Mateo 11:29-30 (RV)

🐝 🐝 🐝

Cuando la fatiga entra en la dimensión de la fe, la fatiga se va. Los ojos cansados muy rara vez ven un buen futuro.

🐦 🐦 🐦
DESEO

Pon tu delicia en el SEÑOR, y Él te dará las peticiones de tu corazón.

Salmo 37:4 (B.d.l.A.)

SEÑOR, todo mi anhelo está delante de ti, y mi suspiro no te es oculto.

Salmo 38:9 (B.d.l.A.)

Y fuera de ti, nada deseo en la tierra.

Salmo 73:25b (B.d.l.A.)

Es agradable ver desarrollarse los planes.

Proverbios 13:19a (BD)

Y todo lo que pidiereis en oración, creyendo, lo recibiréis.

Mateo 21:22 (RV)

Por tanto, os digo que todo lo que pidiereis orando, creed que lo recibiréis, y os vendrá.

Marcos 11:24 (RV)

Y yo os digo: Pedid y se os dará; buscad, y hallaréis; llamad, y se os abrirá.

Lucas 11:9 (RV)

🐦 🐦 🐦

La prueba del deseo es la búsqueda.
Nunca poseerás lo que no sientes
deseo de buscar. El deseo no es
simplemente lo que quieres, sino
aquello sin lo cual no puedes vivir.

❧ ❧ ❧
DESEMPLEO

Confía en el SEÑOR y haz el bien; habita en la tierra, y cultiva la fidelidad.

Salmo 37:3 (B.d.l.A.)

He aquí, algo nuevo, ahora acontece; ¿no lo percibís? Aun en los desiertos haré camino y ríos en el yermo.

Isaías 43:19 (B.d.l.A.)

Si eres dormilón, serás pobre. Desvélate, trabaja empeñosamente y tendrás abundancia de alimento.

Proverbios 20:13 (BD)

Todo lo que tu mano halle para hacer, hazlo según tus fuerzas.

Eclesiastés 9:10a (B.d.l.A.)

En verdad os digo que cualquiera que diga a este monte: «Quítate y arrójate al mar», y no dude en su corazón, sino crea que lo que dice va a suceder, le será concedido.

Marcos 11:23 (B.d.l.A.)

❧ ❧ ❧

Ve a donde seas celebrado,
no a donde seas tolerado.

🐦 🐦 🐦
DESILUSIÓN

¿No te lo he ordenado yo? ¡Sé fuerte y valiente! No temas ni te acobardes, porque el SEÑOR tu Dios estará contigo dondequiera que vayas.

Josué 1:9 (B.d.l.A.)

El SEÑOR es mi luz y mi salvación; ¿a quién temeré? El SEÑOR es la fortaleza de mi vida, ¿de quién tendré temor? Cuando para devorar mis carnes vinieron sobre mí los malhechores, mis adversarios y mis enemigos, ellos tropezaron y cayeron. Aunque un ejército acampe contra mí, no temerá mi corazón; aunque en mi contra se levante guerra, a pesar de ello, estaré confiado.

Salmo 27:1-3 (B.d.l.A.)

Levantaré mis ojos a los montes; ¿de dónde vendrá mi socorro? Mi socorro viene del SEÑOR que hizo los cielos y la tierra.

Salmo 121:1-2 (B.d.l.A.)

Y sabemos que para los que aman a Dios, todas las cosas cooperan para bien, esto es, para los que son llamados conforme a su propósito. Entonces, ¿qué diremos a esto? Si Dios está por nosotros, ¿quién estará contra nosotros?

Romanos 8:28-31 (B.d.l.A.)

🐦 🐦 🐦

El **mañana contiene más gozo que cualquier ayer que puedas recordar.**

El impío pide prestado y no paga, mas el justo es compasivo y da.

Salmo 37:21 (B.d.l.A.)

Ten seguridad de conocer a fondo a la persona antes de responder por su deuda. Mejor negarse ahora que sufrir después.

Proverbios 11:15 (BD)

Así como el rico manda al pobre, el que pide prestado es siervo del que presta.

Proverbios 22:7 (BD)

Dad, y se os dará; medida buena, apretada, remecida y rebosando darán en vuestro regazo; porque con la misma medida con que medís, os volverán a medir.

Lucas 6:38 (RV)

No debáis a nadie nada, sino el amaros unos a otros.

Romanos 13:8a (B.d.l.A.)

Y tú prestarás a muchas naciones, pero no tomarás prestado.

Deuteronomio 28:12b (B.d.l.A.)

🐦 🐦 🐦

La deuda es prueba de codicia.
Es lo opuesto de dar. La deuda es
vaciar tu futuro para llenar tu
presente. El dar es vaciar
tu presente para llenar
tu futuro.

🐌 🐌 🐌
DIEZ MANDAMIENTOS

- No tendrás otros dioses delante de mí.
- No te harás ídolo, ni semejanza alguna de lo que está arriba en el cielo, ni abajo en la tierra, ni en las aguas debajo de la tierra.
- No tomarás el nombre del SEÑOR tu Dios en vano.
- Acuérdate del día de reposo para santificarlo.
- Honra a tu padre y a tu madre.
- No matarás.
- No cometerás adulterio.
- No hurtarás.
- No darás falso testimonio contra tu prójimo.
- No codiciarás la casa de tu prójimo; no codiciarás la mujer de tu prójimo, ni su siervo, ni su sierva, ni su buey, ni su asno, ni nada que sea de tu prójimo.

Tomado de Éxodo 20:3-17

🐌 🐌 🐌

Tu futuro está determinado por tu habilidad de seguir las instrucciones.

❧ ❧ ❧
DIEZMO

Diezmarás fielmente todo el producto de tu sementera, lo que rinde tu campo cada año.

Deuteronomio 14:22 (B.d.l.A.)

Honra al Señor dándole la primera porción de todos tus ingresos, y Él llenará tus graneros de trigo y cebada hasta rebosar, y tus barriles de los mejores vinos.

Proverbios 3:9-10 (BD)

Traed todo el diezmo al alfolí, para que haya alimento en mi casa; y ponedme ahora a prueba en esto —dice el SEÑOR de los ejércitos— si no os abriré las ventanas del cielo, y derramaré para vosotros bendición hasta que sobreabunde.

Malaquías 3:10 (B.d.l.A.)

¡Ay de vosotros, escribas y fariseos, hipócritas! porque diezmáis la menta y el eneldo y el comino, y dejáis lo más importante de la ley: la justicia, la misericordia y la fe. Esto era necesario hacer, sin dejar de hacer aquello.

Mateo 23:23 (RV)

❧ ❧ ❧

Cuando dejes ir lo que está en tu mano, Dios dejará ir lo que está en su mano. El diezmo es una medida de tu obediencia, una ofrenda es la medida de tu generosidad.

🐝 🐝 🐝
DILIGENCIA

Los perezosos empobrecen pronto; los que trabajan empeñosamente se enriquecen. El joven prudente aprovechará la ocasión; pero qué pena da ver al que se duerme y deja pasar la oportunidad.

Proverbios 10:4-5 (BD)

Trabaja con empeño y serás dirigente ... mientras que el hombre diligente aprovecha cuanto encuentra.

Proverbios 12:24a,27b (BD)

Los indolentes desean poseer mucho pero obtienen poco, mientras que los diligentes prosperan.

Proverbios 13:4 (BD)

¿Conoces a algún hombre trabajador? ¡Tendrá éxito y se codeará con los reyes!

Proverbios 22:29 (BD)

Todo lo que tu mano halle para hacer, hazlo según tus fuerzas.

Eclesiastés 9:10a (B.d.l.A.)

Todo lo puedo en Cristo que me fortalece.

Filipenses 4:13 (RV)

🐝 🐝 🐝

Diligencia es la atención rápida a una tarea asignada. Es la insistencia hasta su terminación.

DIOS

En el principio creó Dios los cielos y la tierra.

Génesis 1:1 (B.d.l.A.)

Pero a todos los que le recibieron les dio el derecho de llegar a ser hijos de Dios, es decir, a los que creen en su nombre.

Juan 1:12 (B.d.l.A.)

Porque está escrito: Vivo yo —dice el SEÑOR— que ante mí se doblará toda rodilla, y toda lengua alabará a dios. De modo que cada uno de nosotros dará a Dios cuenta de sí mismo.

Romanos 14:11-12 (B.d.l.A.)

Porque en Él fueron creadas todas las cosas, tanto en los cielos como en la tierra, visibles e invisibles; ya sean tronos o dominios o poderes o autoridades; todo ha sido creado por medio de Él y para Él. Y Él es antes de todas las cosas, y en Él todas las cosas permanecen.

Colosenses 1:16-17 (B.d.l.A.)

El necio ha dicho en su corazón: No hay Dios. Se han corrompido, han cometido injusticias abominables; no hay quien haga el bien.

Salmo 53:1 (B.d.l.A.)

🐸 🐸 🐸

Las evidencias de la presencia de Dios sobrepasan con mucho las pruebas de su ausencia.

DIRECCIÓN

Lámpara es a mis pies tu palabra, y luz para mi camino.

Salmo 119:105 (B.d.l.A.)

Cuando andes, te guiarán; cuando duermas, velarán por ti; y al despertarte, hablarán contigo. Porque el mandamiento es lámpara, y la enseñanza luz, y camino de vida las reprensiones de la instrucción.

Proverbios 6:22-23 (B.d.l.A.)

Entonces Jesús decía a los judíos que habían creído en Él: Si vosotros permanecéis en mi palabra, verdaderamente sois mis discípulos; y conoceréis la verdad y la verdad os hará libres.

Juan 8:31-32 (B.d.l.A.)

Yo te haré saber y te enseñaré el camino en que debes andar; te aconsejaré con mis ojos puestos en ti.

Salmo 32:8 (B.d.l.A.)

Toda Escritura es inspirada por Dios y útil para enseñar, para reprender, para corregir, para instruir en justicia, a fin de que el hombre de Dios sea perfecto, equipado para toda buena obra.

2 Timoteo 3:16-17 (B.d.l.A.)

Cultiva un espíritu dócil.

Enséñame a hacer tu voluntad, porque tú eres mi Dios, tu buen espíritu me guíe a tierra firme.

Salmo 143:10 (B.d.l.A.)

Si no disciplinas a tu hijo, demuestras que no lo quieres; pero si lo amas, estarás dispuesto a castigarlo.

Proverbios 13:24 (BD)

Disciplina a tu hijo en sus tiernos años, mientras hay esperanza. Si no lo haces, le arruinarás la vida.

Proverbios 19:18 (BD)

Enséñale al niño a elegir la senda recta, y cuando sea mayor permanecerá en ella.

Proverbios 22:6 (BD)

Repréndeme, oh SEÑOR, pero con justicia, no con tu ira, no sea que me reduzcas a nada.

Jeremías 10:24 (B.d.l.A.)

Porque el señor al que ama disciplina, y azota a todo el que recibe por hijo. Es para vuestra corrección que sufrís; Dios os trata como a hijos; porque ¿qué hijo hay a quien su padre no discipline? Pero si estáis sin disciplina, de la cual todos han sido hechos participantes, entonces sois hijos ilegítimos y no hijos verdaderos.

Hebreos 12:6-8 (B.d.l.A.)

❧ ❧ ❧

Los triunfadores quieren hacer cosas que odian, para crear algo que aman.

DISCRECIÓN

Da, pues, a tu siervo un corazón con entendimiento para juzgar a tu pueblo y para discernir entre el bien y el mal. Pues, ¿quién será capaz de juzgar a este pueblo tuyo tan grande?

1 Reyes 3:9 (B.d.l.A.)

¡Cuán bienaventurado es el hombre que no anda en el consejo de los impíos, ni se detiene en el camino de los pecadores, ni se sienta en la silla de los escarnecedores, sino que en la ley del SEÑOR está su deleite, y en su ley medita de día y de noche! Será como árbol firmemente plantado junto a corrientes de agua, que da su fruto a su tiempo, y su hoja no se marchita; en todo lo que hace prospera.

Salmo 1:1-3 (B.d.l.A.)

Yo soy tu siervo, dame entendimiento para que conozca tus testimonios. La exposición de tus palabras imparte luz; da entendimiento a los sencillos.

Salmo 119:125,130 (B.d.l.A.)

Confía en el SEÑOR con todo tu corazón, y no te apoyes en tu propio entendimiento. Reconócelo en todos tus caminos, y Él enderezará tus sendas.

Proverbios 3:5-6 (B.d.l.A.)

Nunca discutas tu problema
con alguien que no pueda resolverlo.
El silencio no puede ser
mal entendido.

🐦 🐦 🐦
DOLOR

Mira mi aflicción y mis trabajos, y perdona todos mis pecados.

Salmo 25:18 (B.d.l.A.)

Muchas son las aflicciones del justo, pero de todas ellas lo libra el SEÑOR.

Salmo 34:19 (B.d.l.A.)

Rescátame de la opresión del hombre, para que yo guarde tus preceptos.

Salmo 119:134a (B.d.l.A.)

[Él] sana a los quebrantados de corazón, y venda sus heridas.

Salmo 147:3 (B.d.l.A.)

Y alguien le dirá: «¿qué son esas heridas en tu cuerpo?» Y él responderá: Son aquellas con que fui herido en casa de mis amigos».

Zacarías 13:6 (B.d.l.A.)

Enjugará Dios toda lágrima de los ojos de ellos; y ya no habrá muerte, ni habrá más llanto, ni clamor, ni dolor; porque las primeras cosas pasaron.

Apocalipsis 21:4 (RV)

🐦 🐦 🐦

El dolor es el malestar causado por el desorden. No es tu enemigo, sino simplemente la prueba de que tú existes.

47

Firme está mi corazón, oh Dios, mi corazón está firme; ¡cantaré y entonaré salmos!

Salmo 57:7 (B.d.l.A.)

Prosigo a la meta, al premio del supremo llamamiento de Dios en Cristo Jesús.

Filipenses 3:14 (RV)

Solamente sé fuerte y muy valiente; cuídate de cumplir toda la ley que Moisés mi siervo te mandó; no te desvíes de ella ni a la derecha ni a la izquierda, para que tengas éxito dondequiera que vayas.

Josué 1:7 (B.d.l.A.)

Y Jesús le dijo: Ninguno que poniendo su mano en el arado mira hacia atrás, es apto para el reino de Dios.

Lucas 9:62 (RV)

Pero de allí buscarás al SEÑOR tu Dios, y lo hallarás si lo buscas con todo tu corazón y con toda tu alma.

Deuteronomio 4:29 (B.d.l.A.)

Y cuidad de hacer tal como el SEÑOR vuestro Dios os ha mandado; no os desviéis a la derecha ni a la izquierda.

Deuteronomio 5:32 (B.d.l.A.)

🐦 🐦 🐦

El enfoque equivocado es
la única razón por la que
los hombres fracasan.

ENTUSIASMO

Alégrense los cielos y regocíjese la tierra; y digan entre las naciones: el SEÑOR reina.
1 Crónicas 16:31 (B.d.l.A.)

Tú has cambiado mi lamento en danza.
Salmo 30:11 (B.d.l.A.)

Batid palmas, pueblos todos; aclamad a Dios con voz de júbilo.
Salmo 47:1 (B.d.l.A.)

¡Cuán bienaventurado es el pueblo que sabe lo que es la voz de júbilo!
Salmo 89:15 (B.d.l.A.)

El rostro feliz alegra el corazón...
Proverbios 15:13a (BD)

Porque con alegría saldréis, y con paz seréis conducidos.
Isaías 55:12a (B.d.l.A.)

Hablando entre vosotros con salmos, con himnos y cánticos espirituales, cantando y alabando al Señor en vuestros corazones.
Efesios 5:19 (RV)

La atmósfera que creas determina el producto que fabricas.

Por tanto, mi corazón se alegra y mi alma se regocija; también mi carne morará segura.

Salmo 16.9 (B.d.l.A.)

Esforzaos, y aliéntese vuestro corazón, todos vosotros que esperáis en el SEÑOR.

Salmo 31:24 (B.d.l.A.)

Y la esperanza no desilusiona, porque el amor de Dios ha sido derramado en nuestros corazones por medio del Espíritu Santo que nos fue dado.

Romanos 5:5 (B.d.l.A.)

Pero si esperamos lo que no vemos, con paciencia lo aguardamos.

Romanos 8:25 (RV)

Y el Dios de esperanza os llene de todo gozo y paz en el creer, para que abundéis en esperanza por el poder del Espíritu Santo.

Romanos 15:13 (RV)

🐦 🐦 🐦

Cada cosa que Dios creó es una solución para un problema.

ÉTICA

No darás falso testimonio contra tu prójimo.

Éxodo 20:16 (B.d.l.A.)

¡Cuán bienaventurado es el hombre que no anda en el consejo de los impíos, ni se detiene en el camino de los pecadores, ni se sienta en la silla de los escarnecedores, sino que en la ley del SEÑOR está su deleite, y en su ley medita de día y de noche!

Salmo 1:1-2 (B.d.l.A.)

La integridad y la rectitud me preserven, porque en ti espero.

Salmo 25:21 (B.d.l.A.)

Hazme justicia, oh SEÑOR, porque yo en mi integridad he andado, y en el SEÑOR he confiado sin titubear.

Salmo 26:1 (B.d.l.A.)

Preciosa herencia es tener un padre honrado.

Proverbios 20:7 (BD)

Nunca paguéis a nadie mal por mal. Respetad lo bueno delante de todos los hombres.

Romanos 12:17 (B.d.l.A.)

Lo que eres se revela por lo que haces. Lo que haces revela lo que crees en realidad.

Sin embargo el justo se mantendrá en su camino, y el de manos limpias más y más se fortalecerá.

Job 17:9 (B.d.l.A.)

Si tienes que elegir, prefiere el buen nombre a las muchas riquezas; porque ser tenido en buena estima es mejor que la plata y el oro.

Proverbios 22:1 (BD)

Entonces los funcionarios y sátrapas buscaron un motivo para acusar a Daniel con respecto a los asuntos del reino; pero no pudieron encontrar ningún motivo de acusación ni evidencia alguna de corrupción, por cuanto él era fiel, y ninguna negligencia ni corrupción podía hallarse en él.

Daniel 6:4 (B.d.l.A.)

Por tanto, como en todo abundáis, en fe, en palabra, en ciencia, en toda solicitud, y en vuestro amor para con nosotros, abundad también en esta gracia.

2 Corintios 8:7 (RV)

🌰 🌰 🌰

Solamente tendrás éxito verdadero en algo que es una obsesión para ti.

Y él me respondió: El SEÑOR, delante de quien he andado, enviará su ángel contigo para dar éxito a tu viaje.

Génesis 24:40a (B.d.l.A.)

Guardad, pues, las palabras de este pacto y ponedlas en práctica, para que prosperéis en todo lo que hagáis.

Deuteronomio 29:9 (B.d.l.A.)

Solamente sé fuerte y muy valiente; cuídate de cumplir toda la ley que Moisés mi siervo te mandó; no te desvíes de ella ni a la derecha ni a la izquierda, para que tengas éxito dondequiera que vayas. Este libro de la ley no se apartará de tu boca, sino que meditarás en él día y noche, para que cuides de hacer todo lo que en él está escrito; porque entonces harás prosperar tu camino y tendrás éxito.

Josué 1:7-8 (B.d.l.A.)

Honra al SEÑOR con tus bienes, y con las primicias de todos tus frutos; entonces tus graneros se llenarán con abundancia, y tus lagares rebosarán de mosto.

Proverbios 3:9-10 (B.d.l.A.)

🐦 🐦 🐦

Tu éxito será determinado por los problemas que resuelvas para otros.

¿Por qué te abates, alma mía, y por qué te turbas dentro de mí? Espera en Dios, pues he de alabarle otra vez. ¡Él es la salvación de mi ser, y mi Dios!

Salmo 42:11 (B.d.l.A.)

Alma mía, espera en silencio solamente en Dios, pues de Él viene mi esperanza.

Salmo 62:5 (B.d.l.A.)

Porque ciertamente hay un futuro, y tu esperanza no será cortada.

Proverbios 23:18 (B.d.l.A.)

En verdad os digo que cualquiera que diga a este monte: «Quítate y arrójate al mar», y no dude en su corazón, sino crea que lo que dice va a suceder, le será concedido. Por eso os digo que todas las cosas por las que oréis y pidáis, creed que ya las habéis recibido, y os serán concedidas.

Marcos 11:23-24 (B.d.l.A.)

Y sin fe es imposible agradar a Dios; porque es necesario que el que se acerca a Dios crea que Él existe, y que es remunerador de los que le buscan.

Hebreos 11:6 (B.d.l.A.)

🐦 🐦 🐦

Las circunstancias de tu vida
cambiarán cada vez que
decidas usar tu fe.

🐝 🐝 🐝
FAMILIA

Enséñale al niño a elegir la senda recta, y cuando sea mayor permanecerá en ella.

Proverbios 22:6 (BD)

El padre del justo tiene de qué alegrarse. ¡Qué felicidad es tener un hijo sabio! Así que, dale alegría a tus padres.

Proverbios 23:24 (BD)

Con sabiduría se edifica una casa, y con prudencia se afianza.

Proverbios 24:3 (B.d.l.A.)

Todos tus hijos serán enseñados por el SEÑOR, y grande será el bienestar de tus hijos.

Isaías 54:13 (B.d.l.A.)

Ellos respondieron: Cree en el SEÑOR Jesús y serás salvo, tú y toda tu casa.

Hechos 16:31 (B.d.l.A.)

Y vosotros, padres, no provoquéis a ira a vuestros hijos, sino criadlos en disciplina y amonestación del Señor.

Efesios 6:4 (RV)

Pero si alguno no provee para los suyos, y especialmente para los de su casa, ha negado la fe y es peor que un incrédulo.

1 Timoteo 5:8 (B.d.l.A.)

🐝 🐝 🐝
Tú eres la semilla que decide cuál
será la cosecha a tu alrededor.

FAVOR

Bien le va al hombre que se apiada y presta, arreglará sus asuntos con juicio.

Salmo 112:5 (B.d.l.A.)

Si buscas el bien tendrás el favor de Dios; si buscas el mal hallarás su maldición.

Proverbios 11:27 (BD)

El Señor bendice a los buenos y condena a los malvados.

Proverbios 12:2 (BD)

El hombre de buen juicio es estimado. Al traicionero le espera un camino pedregoso. El sabio piensa con anticipación; no así el necio, y hasta se vanagloria de su despreocupación.

Proverbios 13:15-16 (BD)

Los encantos pueden engañar y la belleza no dura, pero la mujer que teme a Dios y lo reverencia será grandemente alabada.

Proverbios 31:30 (BD)

Y Jesús crecía en sabiduría y en estatura, y en gracia para con Dios y los hombres.

Lucas 2:52 (RV)

Corrientes de favor comienzan a fluir en el momento en que resuelves un problema para alguien.

🐚 🐚 🐚

FE

Y todo lo que pidiereis en oración, creyendo, lo recibiréis.

Mateo 21:22 (RV)

Jesús le dijo: Si puedes creer, al que cree todo le es posible.

Marcos 9:23 (RV)

Por eso os digo que todas las cosas por las que oréis y pidáis, creed que ya las habéis recibido, y os serán concedidas.

Marcos 11:24 (B.d.l.A.)

Entonces el Señor dijo: Si tuvierais fe como un grano de mostaza, podrías decir a este sicómoro: Desarráigate, y plántate en el mar; y os obedecería.

Lucas 17:6 (RV)

Sin embargo, respecto a la promesa de Dios, Abraham no titubeó con incredulidad, sino que se fortaleció en fe, dando gloria a Dios.

Romanos 4:20-21 (B.d.l.A.)

Sobre todo, tomad el escudo de la fe, con que podáis apagar todos los dardos de fuego del maligno.

Efesios 6:16 (RV)

🐚 🐚 🐚

Cuando quieres algo que nunca has tenido, tienes que hacer algo que nunca has hecho.

❧ ❧ ❧
FELICIDAD

He aquí, cuán bienaventurado es el hombre a quien Dios reprende; no desprecies, pues, la disciplina del Todopoderoso.

Job 5:17 (B.d.l.A.)

Alegría pusiste en mi corazón, mayor que la de ellos cuando abundan su grano y su mosto.

Salmo 4:7 (B.d.l.A.)

Bienaventurado el pueblo a quien así le sucede; bienaventurado el pueblo cuyo Dios es el SEÑOR.

Salmo 144:15 (B.d.l.A.)

Despreciar a los pobres es pecado; bienaventurados los que se compadecen de ellos.

Proverbios 14:21 (BD)

Dios bendice a quienes lo obedecen; dichoso el hombre que pone su confianza en el Señor.

Proverbios 16:20 (BD)

Donde no hay visión, el pueblo se desenfrena, pero bienaventurado es el que guarda la ley.

Proverbios 29:18 (B.d.l.A.)

Bienaventurado el hombre que halla la sabiduría, y que obtiene la inteligencia.

Proverbios 3:13 (RV)

❧ ❧ ❧

Feliz es el hombre que halla sabiduría. Así es como tú sabes quién la tiene.

🐝 🐝 🐝
FIJACIÓN DE METAS

En todo lo que hagas, pon a Dios en primer lugar, y Él te guiará, y coronará de éxito tus esfuerzos.

Proverbios 3:6 (BD)

Es mejor ser un pobre humilde que un orgulloso rico.

Proverbios 16:19 (BD)

Porque, ¿quién de vosotros, deseando edificar una torre, no se sienta primero y calcula el costo, para ver si tiene lo suficiente para terminarla? No sea que cuando haya echado los cimientos y no pueda terminar, todos los que lo vean comiencen a burlarse de él, diciendo: «Este hombre comenzó a edificar y no pudo terminar».

Lucas 14:28-30 (B.d.l.A.)

Vé a la hormiga, oh perezoso, mira sus caminos, y sé sabio; la cual no teniendo capitán, ni gobernador, ni señor, prepara en el verano su comida, y recoge en el tiempo de la siega su mantenimiento.

Proverbios 6:6-8 (RV)

🐝 🐝 🐝

Nunca saldrás de donde estás hasta
que no decidas dónde
quisieras estar.

Mas acuérdate del SEÑOR tu Dios, porque Él es el que te da poder para hacer riquezas, a fin de confirmar su pacto, el cual juró a tus padres como en este día.

Deuteronomio 8:18 (B.d.l.A.)

¡Aleluya! Cuán bienaventurado es el hombre que teme al SEÑOR, que mucho se deleita en sus mandamientos. Poderosa en la tierra será su descendencia, la generación de los rectos será bendita. Bienes y riqueza hay en su casa, y su justicia permanece para siempre.

Salmo 112:1-3 (B.d.l.A.)

La riqueza del pecador está reservada para el justo.

Proverbios 13:22b (b.d.l.A.)

A los ricos en este mundo, enséñales que no sean altaneros ni pongan su esperanza en la incertidumbre de las riquezas, sino en Dios, el cual nos da abundantemente todas las cosas para que las disfrutemos.

1 Timoteo 6:17 (B.d.l.A.)

Y les dijo: Mirad, y guardaos de toda avaricia; porque la vida del hombre no consiste en la abundancia de los bienes que posee.

Lucas 12:15 (RV)

❧ ❧ ❧

Fortuna es tener mucho
de algo que amas.

GANAR ALMAS

Los justos son árbol lozano que da fruto de vida; sabios son los que ganan almas.

Proverbios 11:30 (BD)

Entonces dijo a sus discípulos: A la verdad la mies es mucha, mas los obreros pocos.

Mateo 9:37 (RV)

El que no es conmigo, contra mí es; y el que conmigo, no recoge, desparrama.

Mateo 12:30 (RV)

Y les dijo: Id por todo el mundo y predicad el evangelio a toda criatura. El que crea y sea bautizado será salvo; pero el que no crea será condenado.

Marcos 16:15-16 (B.d.l.A.)

Respondió Jesús y le dijo: En verdad, en verdad te digo que el que no nace de nuevo no puede ver el reino de Dios.

Juan 3:3 (B.d.l.A.)

¿No decís vosotros: «Todavía faltan cuatro meses, y después viene la siega?» He aquí, yo os digo: Alzad vuestros ojos y ved los campos que ya están blancos para la siega.

Juan 4:35 (B.d.l.A.)

Lo roto llega a ser mejor
que lo remendado.

❧ ❧ ❧
GOZO

Me darás a conocer la senda de la vida; en tu presencia hay plenitud de gozo; en tu diestra, deleites para siempre.

Salmo 16:11 (B.d.l.A.)

Y mi alma se regocijará en el SEÑOR; en su salvación se gozará.

Salmo 35:9 (B.d.l.A.)

¡Cuán bienaventurado es el pueblo que sabe lo que es la voz de júbilo! Andan, SEÑOR, a la luz de tu rostro. En tu nombre se regocijan todo el día, y por tu justicia son enaltecidos.

Salmo 89:15-16 (B.d.l.A.)

Me has hecho conocer los caminos de la vida; me llenarás de gozo con tu presencia.

Hechos 2:28 (B.d.l.A.)

Porque el reino de Dios no es comida ni bebida, sino justicia, paz y gozo en el Espíritu Santo.

Romanos 14:17 (RV)

❧ ❧ ❧

Felicidad es gustarte a ti mismo.

❧ ❧ ❧
GRATITUD

Entrad por sus puertas con acción de gracias, y a sus atrios con alabanza.

Salmo 100:4 (B.d.l.A.)

Y habiendo tomado una copa, después de haber dado gracias, dijo: tomad esto y repartidlo entre vosotros. Y habiendo tomado pan después de haber dado gracias, lo partió, y les dio, diciendo: Esto es mi cuerpo que por vosotros es dado; haced esto en memoria de mí.

Lucas 22:17,19 (B.d.l.A.)

Bendito sea el Dios y Padre de nuestro Señor Jesucristo, que nos bendijo con toda bendición espiritual en los lugares celestiales en Cristo.

Efesios 1:3 (RV)

Dando siempre gracias por todo al Dios y Padre, en el nombre de nuestro Señor Jesucristo.

Efesios 5:20 (RV)

Por nada estéis afanosos, sino sean conocidas vuestras peticiones delante de Dios en toda oración y ruego, con acción de gracias.

Filipenses 4:6 (RV)

❧ ❧ ❧

Gratitud es simplemente reconocer a tus dadores en tu vida. No puedes nombrar una sola cosa que no te haya sido dada.

ঙ ঙ ঙ
GUÍA

Y Él dio a algunos el ser apóstoles, a otros profetas, a otros evangelistas, a otros pastores y maestros, a fin de capacitar a los santos para la obra del ministerio, para la edificación del cuerpo de Cristo.

Efesios 4:11-12 (B.d.l.A.)

Procura con diligencia presentarte a Dios aprobado, como obrero que no tiene de qué avergonzarse, que maneja con precisión la palabra de verdad.

2 Timoteo 2:15 (B.d.l.A.)

Por lo cual te recuerdo que avives el fuego del don de Dios que hay en ti por la imposición de mis manos.

2 Timoteo 1:6 (B.d.l.A.)

Y Josué, hijo de Nun, estaba lleno del espíritu de sabiduría, porque Moisés había puesto sus manos sobre él; y los hijos de Israel le escucharon e hicieron tal como el SEÑOR había mandado a Moisés.

Deuteronomio 34:9 (B.d.l.A.)

ঙ ঙ ঙ

Alguien ha oído lo que tú no has oído; alguien ha visto lo que tú no has visto; alguien sabe lo que tú no sabes. Tu éxito depende de tu voluntad de ser guiado por ellos.

HÁBITOS

Así cantaré alabanzas a tu nombre para siempre, cumpliendo mis votos día tras día.

Salmo 61:8 (B.d.l.A.)

Hijo mío, sigue mi consejo; tenlo presente siempre; cúmplelo.

Proverbios 7:1 (BD)

¿No sabéis que si os sometéis a alguien como esclavos para obedecerle, sois esclavos de aquel a quien obedecéis, sea del pecado para muerte, o sea de la obediencia para justicia?

Romanos 6:16 (RV)

Digo, pues: Andad en el Espíritu, y no satisfagáis los deseos de la carne.

Gálatas 5:16 (RV)

Todo lo puedo en Cristo que me fortalece.

Filipenses 4:13 (RV)

Sin embargo, por esto hallé misericordia, para que en mí, como el primero, Jesucristo demostrara toda su paciencia como un ejemplo para los que habrían de creer en Él para vida eterna.

1 Timoteo 1:16 (B.d.l.A.)

Muéstrate en todo como ejemplo de buenas obras, con pureza de doctrina, con dignidad.

Tito 2:7 (B.d.l.A.)

Los hombres no deciden su futuro.
Deciden sus hábitos, y sus hábitos
deciden su futuro.

HIJOS

El justo anda en su integridad; ¡cuán dichosos son sus hijos después de él!

Proverbios 20:7 (B.d.l.A.)

He aquí, don del SEÑOR son los hijos; y recompensa es el fruto del vientre.

Salmo 127:3 (B.d.l.A.)

Y cualquiera que reciba en mi nombre a un niño como este, a mí me recibe.

Mateo 18:5 (RV)

Enseña al niño el camino en que debe andar, y aun cuando sea viejo no se apartará de él.

Proverbios 22:6 (B.d.l.A.)

Solamente tú conoces tus prioridades.

❧ ❧ ❧
HUMILDAD

La humildad y el respeto hacia el Señor llevan al hombre a la riqueza, a la honra y a una larga vida.

Proverbios 22:4 (BD)

Así que, cualquiera que se humille como este niño, ése es el mayor en el reino de los cielos.

Mateo 18:4 (RV)

Entonces, como escogidos de Dios, santos y amados, revestíos de tierna compasión, bondad, humildad, mansedumbre, y paciencia.

Colosenses 3:12 (B.d.l.A.)

Y estando en la condición de hombre, se humilló a sí mismo, haciéndose obediente hasta la muerte, y muerte de cruz.

Filipenses 2:8 (RV)

Humillaos, pues, bajo la poderosa mano de Dios, para que Él os exalte a su debido tiempo.

1 Pedro 5:6 (B.d.l.A.)

Pero Él da mayor gracia. Por eso dice: DIOS RESISTE A LOS SOBERBIOS PERO DA GRACIA A LOS HUMILDES.

Santiago 4:6 (B.d.l.A.)

❧ ❧ ❧

Los que están arriba pueden ser
llevados abajo. Los que están abajo
pueden ser llamados arriba.
La humildad es el reconocimiento
de esto.

❧ ❧ ❧
IGNORANCIA

El principio de la sabiduría es el temor del SEÑOR; buen entendimiento tienen los que practican sus mandamientos; su alabanza permanece para siempre.

Salmo 111:10 (B.d.l.A.)

Porque el SEÑOR da sabiduría, de su boca vienen el conocimiento y la inteligencia. Él reserva la prosperidad para los rectos, es escudo para los que andan en integridad.

Proverbios 2:6-7 (B.d.l.A.)

Por esta razón, también nosotros, desde el día que lo supimos, no hemos cesado de orar por vosotros y de rogar que seáis llenos del conocimiento de su voluntad en toda sabiduría y comprensión espiritual.

Colosenses 1:9-10 (B.d.l.A.)

Mi pueblo es destruido por falta de conocimiento. Por cuanto tú has rechazado el conocimiento, yo también te rechazaré para que no seas mi sacerdote; como has olvidado la ley de tu Dios, yo también me olvidaré de tus hijos.

Oseas 4:6 (B.d.l.A.)

❧ ❧ ❧

Cree hasta que tu creencia no pueda producir algo que quieres.

La exposición de tus palabras imparte luz; da entendimiento a los sencillos.

Salmo 119:130 (B.d.l.A.)

Para aprender, tienes que desear la enseñanza. Rechazar la represión es insensatez.

Proverbios 12:1 (BD)

Porque a la persona que le agrada, Él le ha dado sabiduría, conocimiento y gozo.

Eclesiastés 2:26a (B.d.l.A.)

Mi pueblo es destruido por falta de conocimiento. Por cuanto tú has rechazado el conocimiento, yo también te rechazaré para que no seas mi sacerdote; como has olvidado la ley de tu Dios, yo también me olvidaré de tus hijos.

Oseas 4:6 (B.d.l.A.)

Por esta razón, también nosotros, desde el día que lo supimos, no hemos cesado de orar por vosotros y de rogar que seáis llenos del conocimiento de su voluntad en toda sabiduría y comprensión espiritual.

Colosenses 1:9-10 (B.d.l.A.)

ટ**ા** ટ**ા** ટ**ા**

La diferencia entre las personas está entre sus orejas. La diferencia entre tu presente y tu futuro está en la información.

🐌 🐌 🐌
INTEGRIDAD

Que Él me pese en balanzas de justicia, y que Dios conozca mi integridad.

Job 31:6 (B.d.l.A.)

¡Cuán bienaventurado es el hombre que no anda en el consejo de los impíos, ni se detiene en el camino de los pecadores, ni se sienta en la silla de los escarnecedores.

Salmo 1:1 (B.d.l.A.)

El principio de la sabiduría es el temor del SEÑOR; buen entendimiento tienen todos los que practican sus mandamientos; su alabanza permanece para siempre.

Salmo 111:10 (B.d.l.A.)

Bien le va al hombre que se apiada y presta; arreglará sus asuntos con juicio.

Salmo 112:5 (B.d.l.A.)

Camina en su integridad el justo; sus hijos son dichosos después de él.

Proverbios 20:7 (RV)

Pero si tenéis celos amargos y ambición personal en vuestro corazón, no seáis arrogantes y así mintáis contra la verdad.

Santiago 3:14 (B.d.l.A.)

🐌 🐌 🐌

Nunca reescribas tu teología
para ajustarla a un deseo.

Por esto, mis amados hermanos, todo hombre sea pronto para oír, tardo para hablar, tardo para airarse; porque la ira del hombre no obra la justicia de Dios.

Santiago 1:19-20 (RV)

Airaos, pero no pequéis; no se ponga el sol sobre vuestro enojo.

Efesios 4:26 (RV)

La suave respuesta aparta el furor, mas la palabra hiriente hace subir la ira.

Proverbios 15:1 (B.d.l.A.)

Amados, nunca os venguéis vosotros mismos, sino dad lugar a la ira de Dios, porque escrito está: Mía es la venganza, yo pagaré, dice el SEÑOR.

Romanos 12:19 (B.d.l.A.)

No te apresures en tu espíritu a enojarte, porque el enojo se anida en el seno de los necios.

Eclesiastés 7:9 (B.d.l.A.)

🙞 🙞 🙞

Tu entrada puede decidir tu salida.

❧ ❧ ❧
JESÚS

Y dará a luz un hijo, y llamarás su nombre JESÚS, porque él salvará a su pueblo de sus pecados.

Mateo 1:21 (RV)

Que os ha nacido hoy, en la ciudad de David, un Salvador, que es Cristo el Señor.

Lucas 2:11 (RV)

Jesús les habló otra vez, diciendo: Yo soy la luz del mundo; el que me sigue no andará en tinieblas, sino que tendrá la luz de la vida.

Juan 8:12 (B.d.l.A.)

Le dijo Jesús: Yo soy la resurrección y la vida; el que cree en mí, aunque esté muerto, vivirá.

Juan 11:25 (RV)

Jesús le dijo: Yo soy el camino, y la verdad, y la vida; nadie viene al Padre, sino por mí.

Juan 14:6 (RV)

Porque hay un solo Dios, y también un solo mediador entre Dios y los hombres, Cristo Jesús hombre.

1 Timoteo 2:5 (B.d.l.A.)

❧ ❧ ❧

Su mente es más sutil que la tuya;
su memoria es más grande que
la tuya; sus hombros son más
fuertes que los tuyos.

JUSTICIA

Al que no conoció pecado, por nosotros lo hizo pecado, para que nosotros fuésemos hechos justicia de Dios en él.

2 Corintios 5:21 (RV)

Y ser hallado en él, no teniendo mi propia justicia, que es por la ley, sino la que es por la fe de Cristo, la justicia que es de Dios por la fe.

Filipenses 3:9 (RV)

Es decir, la justicia de Dios por medio de la fe en Jesucristo, para todos los que creen; porque no hay distinción.

Romanos 3:22 (B.d.l.A.)

Mas al que no obra, sino cree en aquel que justifica al impío, su fe le es contada por justicia.

Romanos 4:5 (RV)

La obra de la justicia será paz, y el servicio de la justicia, tranquilidad y confianza para siempre.

Isaías 32:17 (B.d.l.A.)

ॐ ॐ ॐ

Tu integridad será recordada por mucho más tiempo que tu producto.

❧ ❧ ❧
LEALTAD

Sed firmes y valientes, no temáis ni os aterroricéis ante ellos, porque el SEÑOR tu Dios es el que va contigo; no te dejará ni te desamparará.

Deuteronomio 31:6 (B.d.l.A.)

¡Cuán bienaventurados son los que guardan sus testimonios, los que de todo corazón le buscan! Tú has ordenado tus preceptos, para que los guardemos con diligencia.

Salmo 119:2,4 (B.d.l.A.)

La discreción te guardará; te preservará la inteligencia.

Proverbios 2:11 (RV)

Hay "amigos" que fingen amistad; pero hay amigos más entrañables que un hermano.

Proverbios 18:24 (BD)

Fieles son las heridas del que ama; pero importunos los besos del que aborrece.

Proverbios 27:6 (RV)

No paguéis a nadie mal por mal; procurad lo bueno delante de todos los hombres.

Romanos 12:17 (RV)

❧ ❧ ❧

Dad a otro lo que él no puede
hallar en ninguna parte y
él te retribuirá.

LIDERAZGO

Por el SEÑOR son ordenados los pasos del hombre, y el SEÑOR se deleita en su camino.

Salmo 37:23 (B.d.l.A.)

Porque sol y escudo es el SEÑOR Dios; gracia y gloria da el SEÑOR.

Salmo 84:11 (B.d.l.A.)

Porque con el juicio con que juzgáis, seréis juzgados, y con la medida con que medís, os será medido.

Mateo 7:2 (RV)

Porque todos los que son guiados por el Espíritu de Dios, éstos son hijos de Dios.

Romanos 8:14 (RV)

Y lo que has oído de mí en la presencia de muchos testigos, eso encarga a hombres fieles que sean idóneos para enseñar también a otros.

2 Timoteo 2:2 (B.d.l.A.)

Los ancianos que gobiernan bien sean considerados dignos de doble honor, principalmente los que trabajan en la predicación y en la enseñanza. Porque la Escritura dice: No pondrás bozal al buey cuando trilla, y: El obrero es digno de su salario.

1 Timoteo 5:17-18 (B.d.l.A.)

La capacidad para seguir a otros es la primera calificación para el liderazgo.

🐦 🐦 🐦
LOGROS

Señor, todo mi anhelo está delante de ti.
Salmo 38:9a (B.d.l.A.)

Los indolentes desean poseer mucho pero obtienen poco, mientras que los diligentes prosperan.

Proverbios 13:4 (BD)

Así será mi palabra que sale de mi boca, no volverá a mí vacía sin haber realizado lo que deseo.

Isaías 55:11 (B.d.l.A.)

Bueno es el SEÑOR para los que en Él esperan, para el alma que le busca.

Lamentaciones 3:25 (B.d.l.A.)

Por tanto, os digo que todo lo que pidiereis orando, creed que lo recibiréis, y os vendrá.

Marcos 11:24 (RV)

Y sin fe es imposible agradar a Dios; porque es necesario que el que se acerca a Dios crea que Él existe, y que es remunerador de los que le buscan.

Hebreos 11:6 (B.d.l.A.)

🐦 🐦 🐦

Toda la creación contiene una orden
invisible de Dios para multiplicarse
y llegar a ser más.

MENTIRA

Aborrezco a los que confían en ídolos vanos;
mas yo confío en el SEÑOR.

Salmo 31:6 (B.d.l.A.)

La verdad resiste la prueba del tiempo; las
mentiras pronto son desenmascaradas.

Proverbios 12:19 (BD)

Bienaventurados sois cuando por mi causa os
vituperen y os persigan, y digan toda clase de
mal contra vosotros, mintiendo.

Mateo 5:11 (RV)

Por lo cual, desechando la mentira, hablad
verdad cada uno con su prójimo; porque somos miembros los unos de los otros.

Efesios 4:25 (RV)

Pero los cobardes, incrédulos, abominables,
asesinos, inmorales, hechiceros, idólatras y todos los mentirosos tendrán su herencia en el
lago que arde con fuego y azufre, que es la
muerte segunda.

Apocalipsis 21:8 (B.d.l.A.)

🐦 🐦 🐦

Los que mienten para ti, con el
tiempo mentirán acerca de ti. Los
que pecan contigo, con el tiempo
pecarán contra ti.

🐦 🐦 🐦
MILAGROS

Pedid, y se os dará; buscad, y hallaréis; llamad, y se os abrirá.

Mateo 7:7 (RV)

Vosotros sabéis cómo Dios ungió a Jesús de Nazaret con el Espíritu Santo y con poder, el cual anduvo haciendo bien y sanando a todos los oprimidos por el diablo; porque Dios estaba con Él.

Hechos 10:38 (B.d.l.A.)

En verdad os digo que cualquiera que diga a este monte: «Quítate y arrójate al mar», y no dude en su corazón, sino crea que lo que dice va a suceder, le será concedido. Por eso os digo que todas las cosas por las que oréis y pidáis, creed que ya las habéis recibido, y os serán concedidas.

Marcos 11:23-24 (B.d.l.A.)

Jesús se detuvo y ordenó que se lo trajeran; y cuando estuvo cerca, le preguntó: ¿Qué deseas que haga por ti? Y él dijo: Señor, que recobre la vista. Jesús entonces le dijo: Recibe la vista, tu fe te ha sanado. Y al instante recobró la vista, y le seguía glorificando a Dios; cuando toda la gente vio aquello, dieron gloria a Dios.

Lucas 18:40-43 (B.d.l.A.)

🐦 🐦 🐦

Jamás estás tan lejos de un milagro
como parece al principio.

🐦 🐦 🐦
MISIÓN

Cada uno en el estado en que fue llamado, en él se quede.

1 Corintios 7:20 (RV)

Y sea la gracia del Señor nuestro Dios sobre nosotros. Confirma, pues, sobre nosotros la obra de nuestras manos; sí, la obra de nuestras manos confirma.

Salmo 90:17 (B.d.l.A.)

Tus oídos oirán detrás de ti una palabra: Este es el camino, andad en él, ya sea que vayáis a la derecha o a la izquierda.

Isaías 30:21 (B.d.l.A.)

¿Has visto hombre solícito en su trabajo? Delante de los reyes estará; no estará delante de los de baja condición.

Proverbios 22:29 (RV)

Porque ni del oriente ni del occidente, ni del desierto viene el enaltecimiento; sino que Dios es el juez; a uno humilla y a otro ensalza.

Salmo 75:6-7 (B.d.l.A.)

🐦 🐦 🐦

Tu misión es decidida por Dios y escubierta por ti. Es geográfica, y siempre está dirigida a una persona o a un pueblo. Es siempre para resolver un problema de alguien.

🐝 🐝 🐝
MOTIVACIÓN

Sed firmes y valientes, no temás ni os aterroricéis ante ellos, porque el SEÑOR tu Dios es el que va contigo; no te dejará ni te desamparará.

Deuteronomio 31:6 (B.d.l.A.)

¿No te lo he ordenado hoy? ¡Sé fuerte y valiente! No temas ni te acobardes, porque el SEÑOR tu Dios estará contigo dondequiera que vayas.

Josué 1:9 (B.d.l.A.)

Y él respondió: No temas, porque los que están con nosotros son más que los que están con ellos.

2 Reyes 6:16 (B.d.l.A.)

Contigo rechazaremos a nuestros adversarios; en tu nombre hollaremos a los que contra nosotros se levanten.

Salmo 44:5 (B.d.l.A.)

Pero yo pondré mis ojos en el SEÑOR, esperaré en el Dios de mi salvación; mi Dios me oirá. Aunque caiga, me levantaré, aunque more en tinieblas, el SEÑOR es mi luz.

Miqueas 7:7,8b (B.d.l.A.)

Todo lo puedo en Cristo que me fortalece.
Filipenses 4:13 (RV)

🐝 🐝 🐝

El descontento es el catalizador para el cambio. La intolerancia del presente crea un futuro diferente.

❧ ❧ ❧
MURMURACIÓN

Destruiré al que en secreto calumnia a su prójimo; no toleraré al de ojos altaneros y de corazón arrogante.

Salmo 101:5 (B.d.l.A.)

SEÑOR, pon guarda a mi boca; vigila la puerta de mis labios.

Salmo 141:3 (B.d.l.A.)

Porque por tus palabras serás justificado, y por tus palabras serás condenado.

Mateo 12:37 (RV)

Ninguna palabra corrompida salga de vuestra boca, sino la que sea buena para la necesaria edificación, a fin de dar gracia a los oyentes.

Efesios 4:29 (RV)

Y además, aprenden a estar ociosas, yendo de casa en casa; y no sólo ociosas sino también charlatanas y entremetidas, hablando de cosas que no son dignas.

1 Timoteo 5:13 (B.d.l.A.)

Esto sabéis, mis amados hermanos. Pero que cada uno sea pronto para oír, tardo para hablar, tardo para la ira.

Santiago 1:19 (B.d.l.A.)

❧ ❧ ❧

La acusación falsa es la última
etapa antes que venga una
promoción sobrenatural.

❧ ❧ ❧
NEGOCIOS

Ve, mira la hormiga, perezoso, observa sus caminos y sé sabio. La cual sin tener jefe, ni oficial ni señor, prepara en el verano su alimento, y recoge en la cosecha su sustento.

Proverbios 6:6-8 (B.d.l.A.)

El trabajo intenso da prosperidad; la vida regalona lleva a la pobreza.

Proverbios 28:19 (BD)

Cuando apliqué mi corazón a conocer la sabiduría y a ver la tarea que ha sido hecha sobre la tierra (aunque uno no durmiera ni de día ni de noche).

Eclesiastés 8:16 (B.d.l.A.)

No os conforméis a este siglo, sino transformaos por medio de la renovación de vuestro entendimiento, para que comprobéis cuál sea la buena voluntad de Dios, agradable y perfecta.

Romanos 12:2 (RV)

Y a que tengáis por vuestra ambición el llevar una vida tranquila, y os ocupéis en vuestros propios asuntos y trabajéis con vuestras manos, tal como os hemos mandado.

1 Tesalonicenses 4:11 (B.d.l.A.)

❧ ❧ ❧

Si Dios es tu socio, tienes todos los medios para hacer grandes planes.

OBEDIENCIA

Ahora pues, si en verdad escucháis mi voz y guardáis mi pacto, seréis mi especial tesoro entre todos los pueblos, porque mía es toda la tierra...

Éxodo 19:5 (B.d.l.A.)

Pero si en verdad obedeces su voz y haces todo lo que yo os digo, entonces seré enemigo de tus enemigos y adversario de tus adversarios.

Éxodo 23:22 (B.d.l.A.)

Hijos, obedeced en el Señor a vuestros padres, porque esto es justo.

Efesios 6:1 (RV)

Porque así como por la desobediencia de un hombre los muchos fueron constituidos pecadores, así también por la obediencia de uno, los muchos serán constituidos justos.

Romanos 5:19 (RV)

Derribando argumentos y toda altivez que se levanta contra el conocimiento de Dios, y llevando cautivo todo pensamiento a la obediencia a Cristo.

2 Corintios 10:5 (RV)

Dios nunca te pondrá más adelante,
más allá de tu último acto
de obediencia.

❧ ❧ ❧
OPOSICIÓN

Confía callado en el SEÑOR y espérale con paciencia; no te irrites a causa del que prospera en su camino, por el hombre que lleva a cabo sus intrigas.

Salmo 37:7 (B.d.l.A.)

En mi angustia clamé al SEÑOR, y Él me respondió. Libra mi alma SEÑOR de labios mentirosos, y de lengua engañosa.

Salmo 120:1-2 (B.d.l.A.)

Ningún arma forjada contra ti prosperará, y condenarás toda lengua que se alce contra ti en juicio. Esta es la herencia de los siervos del SEÑOR, y su justificación viene de mí -declara el SEÑOR.

Isaías 54:17 (B.d.l.A.)

Porque Él vendrá como torrente impetuoso, que el viento del SEÑOR impele.

Isaías 59:19b (B.d.l.A.)

¿Y quién es aquel que os podrá hacer daño, si vosotros seguís el bien?

1 Pedro 3:13 (RV)

Echando toda vuestra ansiedad sobre él, porque él tiene cuidado de vosotros.

1 Pedro 5:7 (RV)

❧ ❧ ❧

Satanás siempre ataca a los que están en fila, listos para una promoción.

❧ ❧ ❧
ORACIÓN

Buscad al SEÑOR y su fortaleza; buscad su rostro continuamente.

1 Crónicas 16:11 (B.d.l.A.)

Y se humilla mi pueblo sobre el cual es invocado mi nombre, y oran, buscan mi rostro y se vuelven de sus malos caminos, entonces yo oiré desde los cielos, perdonaré su pecado y sanaré su tierra.

2 Crónicas 7:14 (B.d.l.A.)

Velad y orad, para que no entréis en tentación; el espíritu a la verdad está dispuesto, pero la carne es débil.

Mateo 26:41 (RV)

Perseverad en la oración, velando en ella con acción de gracias.

Colosenses 4:2 (RV)

Orad sin cesar.

1 Tesalonicenses 5:17

La oración eficaz del justo puede mucho.
Santiago 5:16b (RV)

❧ ❧ ❧

Una hora en la presencia de Dios
te revelará cualquier imperfección
que haya en tus planes más
cuidadosamente hechos.

❧ ❧ ❧
PACIENCIA

Confía callado en el SEÑOR y espérale con paciencia; no te irrites a causa del que prospera en su camino, por el hombre que lleva a cabo sus intrigas.

Salmo 37:7 (B.d.l.A.)

Al SEÑOR esperé pacientemente, y Él se inclinó a mí y oyó mi clamor.

Salmo 40:1 (B.d.l.A.)

Y no sólo esto, sino que también nos gloriamos en las tribulaciones, sabiendo que la tribulación produce paciencia; y la paciencia, prueba; y la prueba, esperanza; y la esperanza no avergüenza; porque el amor de Dios ha sido derramado en nuestros corazones por el Espíritu Santo que nos fue dado.

Romanos 5:3-5 (RV)

Gozosos en la esperanza; sufridos en la tribulación; constantes en la oración.

Romanos 12:12 (RV)

Sabiendo que la prueba de vuestra fe produce paciencia. Mas tenga la paciencia su obra completa, para que seáis perfectos y cabales, sin que os falte cosa alguna.

Santiago 1:3-4 (RV)

❧ ❧ ❧

La paciencia es el arma que obliga
a la decepción a que se revele.

🐦 🐦 🐦
PAZ

En paz me acostaré y así también dormiré; porque sólo tú, SEÑOR, me haces habitar seguro.

Salmo 4:8 (B.d.l.A.)

Mucha paz tienen los que aman tu ley, y nada los hace tropezar.

Salmo 119:165 (B.d.l.A.)

Al de firme propósito guardarás en completa paz, porque en ti confía. SEÑOR, tú establecerás paz para nosotros, ya que también todas nuestras obras tú las hiciste por nosotros.

Isaías 26:3,12 (B.d.l.A.)

La paz os dejo, mi paz os doy; yo no os la doy como el mundo la da. No se turbe vuestro corazón, ni tenga miedo.

Juan 14:27 (RV)

Porque el ocuparse de la carne es muerte, pero el ocuparse del Espíritu es vida y paz.

Romanos 8:6 (RV)

Mas el fruto del Espíritu es amor, gozo, paz, paciencia, benignidad, bondad, fe.

Gálatas 5:22 (RV)

Y el fruto de justicia se siembra en paz para aquellos que hacen la paz.

Santiago 3:18 (RV)

🐦 🐦 🐦

Paz no es la ausencia de conflicto, es la ausencia de conflicto interior.

PECADO

No te acuerdes de los pecados de mi juventud ni de mis transgresiones; acuérdate de mí conforme a tu misericordia, por tu bondad, oh SEÑOR.

Salmo 25:7 (B.d.l.A.)

Esconde tu rostro de mis pecados, y borra todas mis iniquidades.

Salmo 51:9 (B.d.l.A.)

Con todo mi corazón te he buscado; no dejes que me desvíe de tus mandamientos. En mi corazón he atesorado tu palabra para no pecar contra ti.

Salmo 119:10-11 (B.d.l.A.)

El hombre que se niega a reconocer sus errores jamás podrá triunfar; pero si los confiesa y los corrige, tendrá una nueva oportunidad.

Proverbios 28:13 (BD)

Por cuanto todos pecaron, y están destituidos de la gloria de Dios.

Romanos 3:23 (RV)

Si confesamos nuestros pecados, él es fiel y justo para perdonar nuestros pecados, y limpiarnos de toda maldad.

1 Juan 1:9 (RV)

Aquello que no puedes destruir
en tu vida, con el tiempo te
destruirá a ti.

❧ ❧ ❧
PERDÓN

El sabio refrena su ira y pasa por alto las injurias. Esto lo enaltece.

Proverbios 19:11 (BD)

Si tu enemigo tiene hambre, dale de comer pan, y si tiene sed, dale de beber agua.

Proverbios 25:21 (B.d.l.A.)

Bienaventurados los misericordiosos, porque ellos alcanzarán misericordia.

Mateo 5:7 (RV)

Pero yo os digo: No resistáis al que es malo; antes, a cualquiera que te hiera en la mejilla derecha, vuélvele también la otra.

Mateo 5:39 (RV)

Mas si no perdonáis a los hombres sus ofensas, tampoco vuestro Padre os perdonará vuestras ofensas.

Mateo 6:15 (RV)

Antes sed benignos unos con otros, misericordiosos, perdonándoos unos a otros, como Dios también os perdonó a vosotros en Cristo.

Efesios 4:32 (RV)

Soportándoos unos a otros, y perdonándoos unos a otros si alguno tuviere queja contra otro.

Colosenses 3:13a (RV)

❧ ❧ ❧

La misericordia es como el dinero. Tus depósitos determinan tus retiros.

PESAR

Pero no queremos, hermanos, que ignoréis acerca de los que duermen, para que no os entristezcáis como lo hacen los demás que no tienen esperanza. Porque si creemos que Jesús murió y resucitó, así también Dios traerá con Él a los que durmieron en Jesús.

1 Tesalonicenses 4:13-14 (B.d.l.A.)

Porque el SEÑOR ha consolado a su pueblo, y de sus afligidos tendrá compasión.

Isaías 49:13b (B.d.l.A.)

Cuando pases por las aguas, yo estaré contigo, y si por los ríos, no te anegarán, cuando pases por el fuego, no te quemarás, ni la llama te abrasará.

Isaías 43:2 (B.d.l.A.)

Bienaventurados los que lloran, porque ellos recibirán consolación.

Mateo 5:4 (RV)

Este es mi consuelo en la aflicción: que tu palabra me ha vivificado.

Salmo 119:50 (B.d.l.A.)

La adversidad es el terreno
de cultivo para los milagros.

❧ ❧ ❧
PENSAMIENTOS

Muchas son, SEÑOR, Dios mío, las maravillas que tú has hecho, y muchos tus designios para con nosotros; nadie hay que se compare contigo; si los anunciara, y hablara de ellos, no podrían ser enumerados.

Salmo 40:5 (B.d.l.A.)

La mente del bueno está llena de pensamientos honorables; el malo tiene la cabeza llena de engaños.

Proverbios 12:5 (BD)

Porque cual es su pensamiento en su corazón, tal es él.

Proverbios 23:7a (RV)

«Porque yo sé los planes que tengo para vosotros» -declara el SEÑOR- «planes de bienestar y no de calamidad, para daros un futuro y una esperanza.»

Jeremías 29:11 (B.d.l.A.)

Por lo demás, hermanos, todo lo que es verdadero, todo lo honesto, todo lo justo, todo lo puro, todo lo amable, todo lo que es de buen nombre; si hay virtud alguna, si algo digno de alabanza, en esto pensad.

Filipenses 4:8 (RV)

❧ ❧ ❧

Los perdedores se fijan en lo que están atravesando, mientras que los triunfadores se fijan hacia dónde están yendo.

❧ ❧ ❧
PENSAMIENTOS
SUICIDAS

No matarás.

Éxodo 20:13 (B.d.l.A.)

El SEÑOR es mi luz y mi salvación; ¿a quién temeré? El SEÑOR es la fortaleza de mi vida; ¿de quién tendré temor? Aunque un ejército acampe contra mí, no temerá mi corazón; aunque en mi contra se levante guerra, a pesar de ello, estaré confiado. Porque en el día de la angustia me esconderá en su tabernáculo; en lo secreto de su tienda me ocultará; sobre una roca me pondrá en alto.

Salmo 27:1,3,5 (B.d.l.A.)

En mi corazón he atesorado tu palabra, para no pecar contra ti.

Salmo 119:11 (B.d.l.A.)

Estando persuadido de esto, que el que comenzó en vosotros la buena obra, la perfeccionará hasta el día de Jesucristo.

Filipenses 1:6 (RV)

El llanto puede durar toda la noche, pero a la mañana vendrá el grito de alegría.

Salmo 30:5b (B.d.l.A.)

❧ ❧ ❧

Lo que piensas determina lo
que sientes. Cuando cambias
tus pensamientos cambias
tus sentimientos.

❧ ❧ ❧
PLANIFICACIÓN

En todo lo que hagas, pon a Dios en primer lugar, y Él te guiará, y coronará de éxito tus esfuerzos.

Proverbios 3:6 (BD)

La falta de consejeros frustra los planes; la abundancia de consejeros los lleva al éxito.

Proverbios 15:22 (BD)

Mejor es humillar el espíritu con los humildes, que repartir despojos con los soberbios.

Proverbios 16:19 (RV)

El trabajo tenaz da prosperidad; la especulación apresurada empobrece.

Proverbios 21:5 (BD)

Pero el noble concibe cosas nobles, y en las cosas nobles se afirma.

Isaías 32:8 (B.d.l.A.)

«Porque yo sé los planes que tengo para vosotros» -declara el SEÑOR- «planes de bienestar y no de calamidad, para daros un futuro y una esperanza.»

Jeremías 29:11 (B.d.l.A.)

❧ ❧ ❧

La época para la investigación no
es la época para el mercadeo.

❧ ❧ ❧
PREOCUPACIÓN

Entonces confiarás, porque hay esperanza, mirarás alrededor y te acostarás seguro.

Job 11:18 (B.d.l.A.)

No te impacientes a causa de los malhechores, ni tengas envidia de los impíos.

Proverbios 24:19 (B.d.l.A.)

En justicia serás establecida. Estarás lejos de la opresión, pues no temerás.

Isaías 54:14 (B.d.l.A.)

Por nada estéis afanosos; antes bien, en todo, mediante oración y súplica con acción de gracias, sean dadas a conocer vuestras peticiones delante de Dios. Y la paz de Dios, que sobrepasa todo entendimiento, guardará vuestros corazones y vuestras mentes en Cristo Jesús. Por lo demás, hermanos, todo lo que es verdadero, todo lo digno, todo lo justo, todo lo puro, todo lo amable, todo lo honorable, si hay alguna virtud o algo que merece elogio, en esto meditad.

Filipenses 4:6-8 (B.d.l.A.)

Así que no temáis; más valéis vosotros que muchos pajarillos.

Mateo 10:31 (RV)

❧ ❧ ❧

Nada es tan malo como parece.

PRESIÓN DE LOS DEMÁS

Si tu hermano, el hijo de tu madre, o tu hijo, o tu hija, o la mujer que amas, o tu amigo entrañable, te incita en secreto, diciendo: «Vamos y sirvamos a otros dioses» (a quienes ni tú ni tus padres habéis conocido, de los dioses de los pueblos que te rodean, cerca o lejos de ti, de un término de la tierra al otro), no cederás ni le escucharás; y tu ojo no tendrá piedad de él, tampoco lo perdonarás ni lo encubrirás.

Deuteronomio 13:6-8 (B.d.l.A.)

Hijo mío, si los pecadores te quieren seducir, no consientas. Si dicen: Ven con nosotros, pongámonos al asecho para derramar sangre, sin causa asechemos al inocente, devorémoslos vivos como el Seol, enteros, como los que descienden al abismo; hallaremos toda clase de preciadas riquezas, llenaremos nuestras casas de botín; echa tu suerte con nosotros... hijo mío, no andes en el camino con ellos, aparta tu pie de su senda.

Proverbios 1:10-15 (B.d.l.A.)

Porque no tenemos un sumo sacerdote que no pueda compadecerse de nuestras debilidades, sino uno que fue tentado en todo según nuestra semejanza, pero sin pecado.

Hebreos 4:15 (RV)

🐦 🐦 🐦

El punto de entrada favorito de Satanás a tu vida, es siempre a través de alguien cerca de ti.

95

PRODUCTIVIDAD

Si el SEÑOR no edifica la casa, en vano trabajan los que la edifican: si el SEÑOR no guarda la ciudad, en vano vela la guardia.

Salmo 127:1 (B.d.l.A.)

Pero otra parte cayó en buena tierra, y dio fruto, pues brotó y creció, y produjo a treinta, a sesenta, y a ciento por uno.

Marcos 4:8 (RV)

De cierto, de cierto os digo, que si el grano de trigo no cae en la tierra y muere, queda solo; pero si muere, lleva mucho fruto.

Juan 12:24 (RV)

Yo soy la vid, vosotros los pámpanos; el que permanece en mí, y yo en él, éste lleva mucho fruto; porque separados de mí nada podéis hacer .... En esto es glorificado mi Padre, en que llevéis mucho fruto, y seáis así mis discípulos.

Juan 15:5,8 (RV)

Para que andéis como es digno del Señor, agradándole en todo, llevando fruto en toda buena obra, y creciendo en el conocimiento de Dios.

Colosenses 1:10 (RV)

🐝 🐝 🐝

La calidad de tu preparación
determina la calidad de
tu desempeño.

PROGRAMACIÓN

Encomienda al SEÑOR tu camino, confía en Él, que Él actuará.

Salmo 37:5 (B.d.l.A.)

Y sea la gracia del Señor nuestro Dios sobre nosotros. Confirma, pues, sobre nosotros la obra de nuestras manos; sí, la obra de nuestras manos confirma.

Salmo 90:17 (B.d.l.A)

No nos cansemos, pues, de hacer bien; porque a su tiempo segaremos, si no desmayamos.

Gálatas 6:9 (RV)

Aprovechando bien el tiempo, porque los días son malos.

Efesios 5:16 (RV)

Tus oídos oirán detrás de ti una palabra: Este es el camino, andad en él, ya sea que vayáis a la derecha o a la izquierda.

Isaías 30:21 (B.d.l.A.)

Porque es aún visión para el tiempo señalado; se apresura hacia el fin y no defraudará. Aunque tarde, espérala; porque ciertamente vendrá, no tardará.

Habacuc 2:3 (B.d.l.A.)

🐦 🐦 🐦

Los que no respetan tu tiempo, no respetarán tampoco tu sabiduría.

🐌 🐌 🐌
PROMOCIÓN

Porque ni del oriente ni del occidente, ni del desierto viene el enaltecimiento; sino que Dios es el juez; a uno humilla y a otro ensalza.
Salmo 75:6-7 (B.d.l.A.)

Los sabios son llevados a honra, pero los necios son llevados a vergüenza.
Proverbios 3:35 (BD)

Lo principal es la sabiduría; adquiere sabiduría, y con todo lo que obtengas adquiere inteligencia. Estímala y ella te ensalzará; ella te honrará si tú la abrazas; guirnalda de gracia pondrá en tu cabeza, corona de hermosura te entregará.
Proverbios 4:7-9 (B.d.l.A.)

Yo sé, oh SEÑOR, que no depende del hombre su camino, ni de quien anda el dirigir sus pasos.
Jeremías 10:23 (B.d.l.A.)

Prosigo hacia la meta para obtener el premio del supremo llamamiento de Dios en Cristo Jesús.
Filipenses 3:14 (B.d.l.A.)

🐌 🐌 🐌

Alguien está observándote siempre, el cual es capaz de bendecirte grandemente. Nunca serás promovido hasta que seas calificado altamente por tu presente posición.

✎ ✎ ✎
PROSPERIDAD

¡Cuán bienaventurado es el hombre que no anda en el consejo de los impíos, ni se detiene en el camino de los pecadores, ni se sienta en la silla de los escarnecedores, sino que en la ley del SEÑOR está su deleite, y en su ley medita de día y de noche! Será como árbol firmemente plantado junto a corrientes de agua, que da su fruto a su tiempo, y su hoja no se marchita; en todo lo que hace prospera.

Salmo 1:1-3 (B.d.l.A.)

Si escuchan y le sirven, acabarán sus días en prosperidad y sus años en delicias.

Job 36:11 (B.d.l.A.)

Amado, yo deseo que tú seas prosperado en todas las cosas, y que tengas salud, así como prospera tu alma.

3 Juan 2 (RV)

Debéis guardar diligentemente los mandamientos del SEÑOR vuestro Dios, y sus testimonios y estatutos que te ha mandado .... para que entres y tomes posesión de la buena tierra que el SEÑOR juró que daría a tus padres.

Deuteronomio 6:17,18b (B.d.l.A.)

✎ ✎ ✎

Prosperidad es tener suficiente de la provisión de Dios para cumplir todas sus instrucciones para la vida.

PROTECCIÓN

Aunque pase por el valle de sombra de muerte, no temeré mal alguno, porque tú estás conmigo; tu vara y tu cayado me infunden aliento. Tú preparas mesa delante de mí en presencia de mis enemigos; has ungido mi cabeza con aceite; mi copa está rebosando.

Salmo 23:4-5 (B.d.l.A.)

El que habita al abrigo del Altísimo morará a la sombra del Omnipotente. Con sus plumas te cubre, y bajo sus alas hallas refugio; escudo y baluarte es su fidelidad. No temerás el terror de la noche, ni la flecha que vuela de día, ni la peste que anda en tinieblas, ni la destrucción que hace estragos en medio del día. Aunque caigan mil a tu lado, y diez mil a tu diestra, a ti no se acercará. No te sucederá ningún mal, ni plaga se acercará a tu morada. Pues Él dará órdenes a sus ángeles acerca de ti, para que te guarden en todos tus caminos.

Salmo 91:1,4-7,10-11 (B.d.l.A.)

Por vosotros reprenderé al devorador, para que no os destruya los frutos del suelo; ni vuestra vid en el campo será estéril -dice el SEÑOR de los ejércitos.

Malaquías 3:11 (B.d.l.A.)

La protección surge de la asociación.

❦ ❦ ❦
RACISMO

Un mandamiento nuevo os doy: Que os améis unos a otros; como yo os he amado, que también os améis unos a otros.

Juan 13:34 (RV)

Ya no hay judío ni griego; no hay esclavo ni libre; no hay varón ni mujer; porque todos vosotros sois uno en Cristo Jesús.

Gálatas 3:28 (RV)

Y andad en amor, como también Cristo nos amó, y se entregó a sí mismo por nosotros, ofrenda y sacrificio a Dios en olor fragante.

Efesios 5:2 (RV)

Mas el que hace injusticia, recibirá la injusticia que hiciere, porque no hay acepción de personas.

Colosenses 3:25 (RV)

Si en verdad cumplís la ley real, conforme a la Escritura: Amarás a tu prójimo como a ti mismo, bien hacéis; pero si hacéis acepción de personas, cometéis pecado, y quedáis convictos por la ley como transgresores.

Santiago 2:8-9 (RV)

❦ ❦ ❦

Tu significado no está en tu
similaridad con otro, sino en
tu diferencia de otro.

Mirad cuál amor nos ha dado el Padre, para que seamos llamados hijos de Dios; por esto el mundo no nos conoce, porque no le conoció a él.

1 Juan 3:1 (RV)

Y no nos cansemos de hacer el bien, pues a su tiempo, si no nos cansamos, segaremos.

Gálatas 6:9 (B.d.l.A.)

El hombre que tiene amigos ha de mostrarse amigo; y amigo hay más unido que un hermano.

Proverbios 18:24 (RV)

Porque el SEÑOR no abandonará a su pueblo, ni desamparará a su heredad.

Salmo 94:14 (B.d.l.A.)

Todo lo que el Padre me da, vendrá a mí; y al que a mí viene, no le echo fuera. Porque he descendido del cielo, no para hacer mi voluntad, sino la voluntad del que me envió. Y esta es la voluntad del Padre, el que me envió: Que de todo lo que me diere, no pierda yo nada, sino que lo resucite en el día postrero.

Juan 6:37-39 (RV)

❧ ❧ ❧

Los que crearon el dolor de ayer,
no controlan el potencial de mañana.

REPUTACIÓN

¡Cuán bienaventurado es el hombre que no anda en el consejo de los impíos, ni se detiene en el camino de los pecadores, ni se sienta en la silla de los escarnecedores, sino que en la ley del SEÑOR está su deleite, y en su ley medita de día y de noche!

Salmo 1:1-2 (B.d.l.A.)

Todas las sendas del SEÑOR son misericordia y verdad para aquellos que guardan su pacto y sus testimonios. La integridad y la rectitud me preserven, porque en ti espero.

Salmo 25:10,21 (B.d.l.A.)

Mas yo en mi integridad andaré; redímeme y ten piedad de mí.

Salmo 26:11 (B.d.l.A.)

Sino que se despojó a sí mismo, tomando forma de siervo, hecho semejante a los hombres; y estando en la condición de hombre, se humilló a sí mismo, haciéndose obediente hasta la muerte, y muerte de cruz.

Filipenses 2:7-8 (RV)

Dios bendice a quienes lo obedecen; dichoso el hombre que pone su confianza en el Señor.

Proverbios 16:20 (BD)

Serás recordado por el dolor
o por la alegría que causaste.

❧ ❧ ❧
RESPONSABILIDAD

La conclusión, cuando todo se ha oído, es esta: teme a Dios y guarda sus mandamientos, porque esto concierne a toda persona.

Eclesiastés 12:13 (B.d.l.A.)

Vosotros sois la sal de la tierra; pero si la sal se ha vuelto insípida, ¿con qué se hará salada otra vez? Ya para nada sirve, sino para ser echada fuera y pisoteada por los hombres. Vosostros sois la luz del mundo. Una ciudad situada sobre un monte no se puede ocultar; ni se enciende una lámpara y se pone debajo de un almud, sino sobre el candelero; y alumbra a todos los que están en la casa. Así brille vuestra luz delante de los hombres, para que vean vuestras buenas acciones y glorifiquen a vuestro Padre que está en los cielos. Cualquiera, pues, que anule uno solo de estos mandamientos, aun de los más pequeños, y así lo enseñe a otros, será llamado muy pequeño en el reino de los cielos.

Mateo 5:13-16,19 (B.d.l.A)

Entonces Jesús dijo a sus discípulos: Si alguno quiere venir en pos de mí, niéguese a sí mismo, y tome su cruz, y sígame.

Mateo 16:24 (RV)

❧ ❧ ❧

Cuando tú haces lo que puedes,
Dios hace lo que no puedes.

¡Aleluya! Cuán bienaventurado es el hombre que teme al SEÑOR, que mucho se deleita en sus mandamientos. Poderosa en la tierra será su descendencia; la generación de los rectos será bendita. Bienes y riquezas hay en su casa, y su justicia permanece para siempre.

Salmo 112:1-3 (B.d.l.A.)

Bienaventurado el hombre que halla sabiduría y el hombre que adquiere entendimiento; porque su ganancia es mejor que la ganancia de la plata, y sus utilidades mejor que el oro fino. Larga vida hay en su mano derecha, en su mano izquierda, riquezas y honra.

Proverbios 3:13,16 (B.d.l.A.)

El bueno dejará herederos a los hijos de sus hijos; pero la riqueza del pecador está guardada para el justo.

Proverbios 13:22 (RV)

Mas acuérdate del SEÑOR tu Dios, porque Él es el que te da poder para hacer riquezas, a fin de confirmar su pacto, el cual juró a tus padres como en este día.

Deuteronomio 8:18 (B.d.l.A.)

🦋 🦋 🦋

Algunos se preocupan de la salida de cada centavo, otros se preocupan de la entrada de cada dólar.

La persona sabia se preocupa de ambas cosas.

Sabiduría y conocimiento te han sido concedidos. Y te daré riquezas y bienes y gloria, tales como no las tuvieron ninguno de los reyes que fueron antes de ti, ni los que vendrán después de ti.

2 Crónicas 1:12 (B.d.l.A.)

El principio de la sabiduría es el temor del SEÑOR; buen entendimiento tienen todos los que practican sus mandamientos; su alabanza permanece para siempre.

Salmo 111:10 (B.d.l.A.)

Sabiduría ante todo; adquiere sabiduría; y sobre todas tus posesiones adquiere inteligencia. Engrandécela, y ella te engrandecerá.

Proverbios 4:7-8a (RV)

Y si alguno de vosotros tiene falta de sabiduría, pídala a Dios, el cual da a todos abundantemente y sin reproche, y le será dada.

Santiago 1:5 (RV)

Bienaventurado el hombre que halla sabiduría y el hombre que adquiere entendimiento.

Proverbios 3:13 (B.d.l.A.)

🐦 🐦 🐦

La sabiduría es la única necesidad
real que siempre tendrás.

❧ ❧ ❧
SALUD

[Él] sana a los quebrantados de corazón, y venda sus heridas.

Salmo 147:3 (B.d.l.A.)

Hijo mío, presta atención a mis palabras, inclina tu oído a mis razones; que no se aparten de tus ojos, guárdalas en medio de tu corazón. Porque son vida para los que las hallan, y salud para todo su cuerpo.

Proverbios 4:20-22 (B.d.l.A.)

El habla bondadosa es como la miel: deleitosa y saludable.

Proverbios 16:24 (BD)

El corazón alegre sana como medicina, pero el espíritu abatido enferma.

Proverbios 17:22 (BD)

Amado, ruego que seas prosperado en todo así como prospera tu alma, y que tengas buena salud.

3 Juan 2 (B.d.l.A.)

Porque yo, el SEÑOR, soy tu sanador.

Éxodo 15:26b (B.d.l.A.)

«Porque yo te devolveré la salud, y te sanaré de tus heridas -declara el SEÑOR.»

Jeremías 30:17a (B.d.l.A.)

❧ ❧ ❧

La longevidad es resultado
de la sabiduría.

Todos nosotros nos descarriamos como ovejas, nos apartamos cada cual por su camino; pero el SEÑOR hizo que cayera sobre Él la iniquidad de todos nosotros.

Isaías 53:6 (B.d.l.A.)

Mas a todos los que le recibieron, a los que creen en su nombre, les dio potestad de ser hechos hijos de Dios.

Juan 1:12 (RV)

Y al que a mí viene, no le echo fuera.

Juan 6:37b (RV)

Ellos dijeron: Cree en el Señor Jesucristo, y serás salvo tú y tu casa.

Hechos 16:31 (RV)

Por cuanto todos pecaron y no alcanzan la gloria de Dios.

Romanos 3:23 (B.d.l.A.)

Que si confesares con tu boca que Jesús es el Señor, y creyeres en tu corazón que Dios le levantó de los muertos, serás salvo; porque con el corazón se cree para justicia, pero con la boca se confiesa para salvación.

Romanos 10:9-10 (RV)

Dios nunca consulta tu pasado para determinar tu futuro.

SEXO

El hombre que se niega a reconocer sus errores jamás podrá triunfar; pero si los confiesa y los corrige, tendrá una nueva oportunidad.

Proverbios 28:13 (BD)

Huid de la fornicación. Cualquier otro pecado que el hombre cometa, está fuera del cuerpo; mas el que fornica, contra su propio cuerpo peca.

1 Corintios 6:18 (RV)

¿No sabéis que sois templo de Dios, y que el Espíritu de Dios mora en vosotros? Si alguno destruyere el templo de Dios, Dios le destruirá a él; porque el templo de Dios, el cual sois vosotros, santo es.

1 Corintios 3:16-17 (RV)

Pero a causa de las fornicaciones, cada uno tenga su propia mujer, y cada una tenga su propio marido.

1 Corintios 7:2 (RV)

No os ha sobrevenido ninguna tentación que no sea humana; pero fiel es Dios, que no os dejará ser tentados más de lo que podéis resistir, sino que dará también juntamente con la tentación la salida, para que podáis soportar.

1 Corintios 10:13 (RV)

🐦 🐦 🐦

Poder es la capacidad de alejarte de algo que deseas, para proteger algo que amas.

🐝 🐝 🐝
SOLEDAD

He aquí, yo estoy contigo, y te guardaré por dondequiera que vayas, y te haré volver a esta tierra; porque no te dejaré hasta que haya hecho lo que te he prometido.

Génesis 28:15 (B.d.l.A.)

El SEÑOR irá delante de ti; Él estará contigo, no te dejará ni te desamparará; no temas ni te acobardes.

Deuteronomio 31:8 (B.d.l.A.)

Aunque pase por el valle de sombra de muerte, no temeré mal alguno, porque tú estás conmigo; tu vara y tu cayado me infunden aliento.

Salmo 23:4 (B.d.l.A.)

Porque aunque mi padre y mi madre me hayan abandonado, el SEÑOR me recogerá.

Salmo 27:10 (B.d.l.A.)

No os dejaré huérfanos; vendré a vosotros.

Juan 14:18 (RV)

Porque él dijo: No te desampararé, ni te dejaré.

Hebreos 13:5b (RV)

Echando toda vuestra ansiedad sobre Él, porque Él tiene cuidado de vosotros.

1 Pedro 5:7 (B.d.l.A.)

🐝 🐝 🐝

La soledad no es ausencia de afecto,
sino ausencia de dirección.

🦋 🦋 🦋
SOLUCIÓN DE PROBLEMAS

Porque no tenemos un sumo sacerdote que no pueda compadecerse de nuestras flaquezas, sino uno que ha sido tentado en todo como nosotros, pero sin pecado. Por tanto, acerquémonos con confianza al trono de la gracia para que recibamos misericordia, y hallemos gracia para la ayuda oportuna.

Hebreos 4:15-16 (B.d.l.A.)

Porque, ¿quién de vosotros, deseando edificar una torre, no se sienta primero y calcula el costo, para ver si tiene lo suficiente para terminarla?

Lucas 14:28 (B.d.l.A.)

Y si sabemos que él nos oye en cualquiera cosa que pidamos, sabemos que tenemos las peticiones que le hayamos hecho.

1 Juan 5:15 (RV)

🦋 🦋 🦋

Tú serás recordado en la vida por los problemas que resuelves y por los problemas que causas. Serás buscado únicamente por los problemas que resuelves. El problema que más te irrita ese es el problema que Dios te ha asignado para que lo resuelvas.

❧ ❧ ❧
SUPERACIÓN

No seas vencido de lo malo, sino vence con el bien el mal.

Romanos 12:21 (RV)

Os escribo a vosotros, jóvenes, porque habéis vencido al maligno. Os escribo a vosotros, hijitos, porque habéis conocido al Padre.

1 Juan 2:13b (RV)

Hijitos, vosotros sois de Dios, y los habéis vencido; porque mayor es el que está en vosotros, que el que está en el mundo.

1 Juan 4:4 (RV)

Al que venciere, le daré a comer del árbol de la vida, el cual está en medio del paraíso de Dios.

Apocalipsis 2:7b (RV)

Al que venciere, le daré que se siente conmigo en mi trono, así como yo he vencido, y me he sentado con mi Padre en su trono.

Apocalipsis 3:21 (RV)

El vencedor heredará estas cosas, y yo seré su Dios y él será mi hijo.

Apocalipsis 21:7 (B.d.l.A.)

❧ ❧ ❧

Lo que no puedes dominar en tu vida, eso con el tiempo te dominará a ti.

❧ ❧ ❧
TEMOR

Sed firmes y valientes, no temáis ni os aterroricéis ante ellos, porque el SEÑOR tu Dios es el que va contigo; no te dejará ni te desamparará.

Deuteronomio 31:6 (B.d.l.A.)

He aquí, Dios es mi salvador, confiaré y no temeré; porque mi fortaleza y mi canción es el SEÑOR DIOS, Él ha sido mi salvación.

Isaías 12:2 (B.d.l.A.)

No temas, porque yo estoy contigo; no te desalientes, porque yo soy tu Dios. Te fortaleceré, ciertamente te ayudaré, sí, te sostendré con la diestra de mi justicia.

Isaías 41:10 (B.d.l.A.)

Pues no habéis recibido un espíritu de esclavitud para volver otra vez al temor, sino que habéis recibido un espíritu de adopción, como hijos, por el cual clamamos: ¡Abba Padre!

Romanos 8:15 (B.d.l.A.)

Porque no nos ha dado Dios espíritu de cobardía, sino de poder, de amor y de dominio propio.

2 Timoteo 1:7 (B.d.l.A.)

❧ ❧ ❧

Examina bien de qué corres.
No eres presa de nadie. Tu futuro
está a tus pies implorando que le
des instrucciones.

TENSIÓN

Será también el SEÑOR baluarte para el oprimido.

Salmo 9:9 (B.d.l.A.)

Mi carne y mi corazón pueden desfallecer, pero Dios es la fortaleza de mi corazón y mi porción para siempre.

Salmo 73:26 (B.d.l.A.)

Aunque caigan mil a tu lado, y diez mil a tu diestra, a ti no se acercará. No te sucederá ningún mal, ni plaga se acercará a tu morada.

Salmo 91:7,10 (B.d.l.A.)

Es en vano que os levantéis de madrugada, que os acostéis tarde, que comáis el pan de afanosa labor, pues Él da a su amado aun mientras duerme.

Salmo 127:2 (B.d.l.A.)

Echando toda vuestra ansiedad sobre Él, porque Él tiene cuidado de vosotros.

1 Pedro 5:7 (B.d.l.A.)

La paz os dejo, mi paz os doy; yo no os la doy como el mundo la da. No se turbe vuestro corazón, ni tenga miedo.

Juan 14:27 (RV)

El día en que temo, yo en ti confío.

Salmo 56:3 (B.d.l.A.)

🐦 🐦 🐦

Nunca te quejes
de lo que tú permites.

TENTACIÓN

En mi corazón he atesorado tu palabra, para no pecar contra ti.

Salmo 119:11 (B.d.l.A.)

No os ha sobrevenido ninguna tentación que no sea común a los hombres; y fiel es Dios, que no permitirá que vosotros seáis tentados más allá de lo que podéis soportar, sino que con la tentación proveerá también la vía de escape, a fin de que podáis resistirla.

1 Corintios 10:13 (B.d.l.A.)

Revestíos con toda la armadura de Dios para que podáis estar firmes contra las insidias del diablo. En todo, tomando el escudo de la fe, con el que podréis apagar todos los dardos encendidos del maligno.

Efesios 6:11,16 (B.d.l.A.)

El Señor, entonces, sabe rescatar de tentación a los piadosos, y reservar a los injustos bajo castigo para el día del juicio.

2 Pedro 2:9a (B.d.l.A.)

Porque Él vendrá como torrente impetuoso, que el viento del SEÑOR impele.

Isaías 59:19b (B.d.l.A.)

Aquello de lo quieras alejarte, determina lo que Dios traerá a ti.

🐦 🐦 🐦
TOMA DE DECISIONES

Y si no os parece bien servir al SEÑOR, escoged hoy a quién habéis de servir: si a los dioses que sirvieron vuestros padres, que estaban al otro lado del río, o a los dioses de los amorreos en cuya tierra habitáis; pero yo y mi casa, serviremos al SEÑOR.

Josué 24:15 (B.d.l.A.)

Confía en el SEÑOR con todo tu corazón, y no te apoyes en tu propio entendimiento. Reconócele en todos tus caminos, y Él enderezará tus sendas.

Proverbios 3:5-6 (B.d.l.A.)

Se propuso Daniel en su corazón no contaminarse con los manjares del rey ni con el vino que él bebía, y pidió al jefe de los oficiales que le permitiera no contaminarse.

Daniel 1:8 (B.d.l.A.)

Cada uno dé como propuso en su corazón; no con tristeza, ni por necesidad, porque Dios ama al dador alegre.

2 Corintios 9:7 (RV)

🐦 🐦 🐦

Los triunfadores hacen decisiones que crean el futuro que ellos desean, mientras que los perdedores hacen decisiones que crean el presente que ellos desean.

TRABAJO

Seis días se trabajará, pero el séptimo día tendréis un día santo, día de completo reposo para el SEÑOR.

Éxodo 35:2a (B.d.l.A.)

Que el SEÑOR tu Dios te bendiga en toda obra de tus manos.

Deuteronomio 24:19b (B.d.l.A.)

Trabajad, porque yo estoy con vosotros -declara el SEÑOR de los ejércitos.

Hageo 2:4b (B.d.l.A.)

El pueblo tuvo ánimo para trabajar.

Nehemías 4:6b (B.d.l.A.)

Porque el obrero es digno de su alimento.

Mateo 10:10b (RV)

Seis días trabajarás y harás toda tu obra.

Éxodo 20:9 (B.d.l.A.)

Ahora bien, se requiere de los administradores, que cada uno sea hallado fiel.

1 Corintios 4:2 (RV)

¿Has visto un hombre diestro en su trabajo? Estará delante de los reyes; no estará delante de hombres sin importancia.

Proverbios 22:29 (B.d.l.A.)

El dinero es simplemente una
remuneración para resolver
problemas.

❧ ❧ ❧
TRABAJO EN EQUIPO

Mirad cuán bueno y cuán delicioso es que los hermanos habiten juntos en armonía.

Salmo 133:1 (B.d.l.A.)

Más valen dos que uno solo, pues tienen mejor remuneración por su trabajo. Porque si uno de ellos cae, el otro levantará a su compañero; pero ¡ay del que cae cuando no hay otro que lo levante! Y si alguien puede prevalecer contra el que está solo, dos lo resistirán. Un cordel de tres hilos no se rompe fácilmente.

Eclesiastés 4:9,10,12 (B.d.l.A.)

Otra vez os digo, que si dos de vosotros se pusieren de acuerdo en la tierra acerca de cualquiera cosa que pidieren, les será hecho por mi Padre que está en los cielos.

Mateo 18:19 (RV)

Cuando llegó el día de Pentecostés, estaban todos unánimes juntos.

Hechos 2:1 (RV)

Sabiendo que el bien que cada uno hiciere, ése recibirá del Señor, sea siervo o sea libre.

Efesios 6:8 (RV)

❧ ❧ ❧

Lo que tú hagas que suceda para otros, Dios hará que suceda para ti.

❧ ❧ ❧
TRIUNFO

Entonces Moisés y los hijos de Israel cantaron este cántico al SEÑOR, y dijeron: Canto al SEÑOR porque ha triunfado gloriosamente; al caballo y a su jinete ha arrojado al mar.

Éxodo 15:1 (B.d.l.A.)

El fruto del justo es árbol de vida, y el que gana almas es sabio.

Proverbios 11:30 (B.d.l.A.)

Porque yo os daré palabra y sabiduría, la cual no podrán resistir ni contradecir todos los que se opongan.

Lucas 21:15 (RV)

Hijos míos, vosotros sois de Dios y los habéis vencido, porque mayor es el que está en vosotros que el que está en el mundo.

1 Juan 4:4 (B.d.l.A.)

Con halagos hará apostatar a los que obran inicuamente hacia el pacto, mas el pueblo que conoce a su Dios se mostrará fuerte y actuará.

Daniel 11:32 (B.d.l.A.)

Continuó él, y me dijo: Esta es la palabra del SEÑOR a Zorobabel: «No por el poder ni por la fuerza, sino por mi Espíritu -dice el SEÑOR de los ejércitos.

Zacarías 4:6 (B.d.l.A.)

❧ ❧ ❧

El primer paso hacia el éxito
es la voluntad para escuchar.

Sed firmes y valientes, no temáis ni os aterroricéis ante ellos, porque el SEÑOR tu Dios es el que va contigo; no te dejará ni te desamparará.

Deuteronomio 31:6 (B.d.l.A.)

¿No te lo he ordenado yo? ¡Sé fuerte y valiente! No temas ni te acobardes, porque el SEÑOR tu Dios estará contigo dondequiera que vayas.

Josué 1:9 (B.d.l.A.)

Esforzaos, y aliéntese vuestro corazón, todos vosotros que esperáis en el SEÑOR.

Salmo 31:24 (B.d.l.A.)

No te sucederá ningún mal, ni plaga se acercará a tu morada.

Salmo 91:10 (B.d.l.A.)

No temas, porque yo estoy contigo; no te desalientes, porque yo soy tu Dios. Te fortaleceré, ciertamente te ayudaré, sí, te sostendré con la diestra de mi justicia.

Isaías 41:10 (B.d.l.A.)

Todo lo puedo en Cristo que me fortalece.

Filipenses 4:13 (RV)

🐦 🐦 🐦

Los ganadores son simplemente
ex perdedores que se enloquecieron.

Todas las sendas del SEÑOR son misericordia y verdad para aquellos que guardan su pacto y sus testimonios.

Salmo 25:10 (B.d.l.A.)

Jesús le dijo: Yo soy el camino, y la verdad, y la vida; nadie viene al Padre sino por mí.

Juan 14:6 (RV)

Por lo demás, hermanos, todo lo que es verdadero, todo lo digno, todo lo justo, todo lo puro, todo lo amable, todo lo honorable, si hay alguna virtud o algo que merece elogio, en esto meditad.

Filipenses 4:8 (B.d.l.A.)

Puesto que en obediencia a la verdad habéis purificado vuestras almas para un amor sincero de hermanos, amaos unos a otros entrañablemente, de corazón.

1 Pedro 1:22 (B.d.l.A.)

Dios no es hombre, para que mienta, ni hijo de hombre, para que se arrepienta. ¿Lo ha dicho Él, y no lo hará?, ¿ha hablado, y no lo cumplirá?

Números 23:19 (B.d.l.A.)

❧ ❧ ❧

La verdad es lo más poderoso en la tierra porque es lo único que no puede ser cambiado.

VICTORIA

Entonces Moisés y los hijos de Israel cantaron este cántico al SEÑOR, y dijeron: Canto al SEÑOR porque ha triunfado gloriosamente; al caballo y a su jinete ha arrojado al mar.

Éxodo 15:1 (B.d.l.A.)

Dios mío, en ti confío; no sea yo avergonzado, que no se regocijen sobre mí mis enemigos.

Salmo 25:2 (B.d.l.A.)

Porque tú, oh SEÑOR, me has alegrado con tus obras, cantaré con gozo ante la obra de tus manos.

Salmo 92:4 (B.d.l.A.)

Sálvanos, oh SEÑOR, Dios nuestro, y reúnenos de entre las naciones, para dar gracias a tu santo nombre, y para gloriarnos en tu alabanza.

Salmo 106:47 (B.d.l.A.)

Y ellos le han vencido por medio de la sangre del Cordero y de la palabra del testimonio de ellos, y menospreciaron sus vidas hasta a la muerte.

Apocalipsis 12:11 (RV)

Todo lo puedo en Cristo que me fortalece.

Filipenses 4:13 (B.d.l.A.)

Los triunfadores son simplemente los que hacen un intento extra.

❧ ❧ ❧
VISIÓN

En un sueño, en una visión nocturna, cuando un sueño profundo cae sobre los hombres, mientras dormitan en sus lechos, entonces Él abre el oído de los hombres, y sella su instrucción, para apartar al hombre de sus obras, y del orgullo guardarlo.

Job 33:15-17 (B.d.l.A.)

Cuando no hay conocimiento de Dios, el pueblo se desboca; pero qué admirable es la nación que conoce y cumple las leyes divinas.

Proverbios 29:18 (BD)

Escribe la visión y grábala en tablas, para que corra el que la lea. Porque es aún visión para el tiempo señalado; se apresura hacia el fin y no defraudará. Aunque tarde, espérala; porque ciertamente vendrá, no tardará.

Habacuc 2:2a,3 (B.d.l.A.)

Ensancha el lugar de tu tienda, extiende las cortinas de tus moradas, no escatimes; alarga tus cuerdas, y refuerza tus estacas.

Isaías 54:2 (B.d.l.A.)

Y sucederá que después de esto, derramaré mi Espíritu sobre toda carne; y vuestros hijos y vuestras hijas profetizarán, vuestros ancianos soñarán sueños, vuestros jóvenes verán visiones.

Joel 2:28 (B.d.l.A.)

❧ ❧ ❧

Deja de mirar dónde tú estás y comienza a mirar dónde puedes estar.

VOTOS

Cuando hagas un voto al SEÑOR tu Dios, no tardarás en pagarlo, porque el SEÑOR tu Dios ciertamente te lo reclamará y sería pecado en ti.

Deuteronomio 23:21 (B.d.l.A.)

Si un hombre hace un voto al SEÑOR, o hace un juramento para imponerse una obligación, no faltará a su palabra; hará conforme a todo lo que salga de su boca.

Números 30:2 (B.d.l.A.)

Haced votos al SEÑOR vuestro Dios, y cumplidlos; todos los que están alrededor de Él traigan presentes al que debe ser temido.

Salmo 76:11 (B.d.l.A.)

Cuando le ayudas al pobre a Dios le prestas; y Él paga admirables intereses sobre tu préstamo.

Proverbios 19:17 (BD)

Es mejor que no hagas votos, a que hagas votos y no los cumplas.

Eclesiastés 5:5 (B.d.l.A.)

੩ ੩ ੩

Las olas de los votos quebrantados del ayer, se romperán contra las orillas del mañana.

❧ ❧ ❧
¿Cuál es tu decisión?

Si nunca has recibido a Jesucristo como tu Señor y Salvador personal, ¿por qué no hacerlo ahora? Simplemente pronuncia esta oración con sinceridad: «Señor Jesús, creo que tú eres el Hijo de Dios. Creo que te hiciste hombre y moriste en la cruz por mis pecados. Creo que Dios te levantó de los muertos y te hizo el Salvador del mundo. Confieso que soy una pecadora y te pido que me perdones y me limpies de todos mis pecados. Acepto tu perdón y te recibo como mi Señor y Salvador. En el nombre de Jesús, oro. Amén».

«... que si confiesas con tu boca a Jesús por Señor, y crees en tu corazón que Dios le resucitó de entre los muertos, serás salvo; porque con el corazón se cree para justicia, y con la boca se confiesa para salvación. Porque: Todo aquel que invoque el nombre del señor será salvo.

Romanos 10:9-10,13 (B.d.l.A.)

Si confesamos nuestros pecados, él es fiel y justo para perdonar nuestros pecados, y limpiarnos de toda maldad.

1 Juan 1:9 (RV)

❧ ❧ ❧

Ahora que has aceptado
a Jesús
como tu Salvador:

1. Lee tu Biblia diariamente -es tu alimento espiritual que te hará un cristiano fuerte.

2. Ora y habla con Dios diariamente -Él desea que ustedes dos se comuniquen y compartan su vida el uno con el otro.

3. Comparte tu fe con otros, con denuedo haz que otros sepan que Jesús les ama.

4. Asiste regularmente a una iglesia local donde se predique a Jesús, donde puedas servirle y donde puedas tener compañerismo con otros creyentes.

5. Permite que su amor en tu corazón toque las vidas de otros, por medio de las buenas obras que hagas en su nombre.

Por favor, haznos saber la decisión que has hecho.

Escribe a:
Honor Books
P.O. Box 55388
Tulsa, OK 74155

೭ೂ ೭ೂ ೭ೂ

Otros títulos de la serie
La Biblia en un Minuto:

La Biblia en un minuto para mujeres
La Biblia en un minuto para hombres
La Biblia en un minuto para jóvenes
La Biblia en un minuto para profesionales

Disponibles en su librería favorita

NOTAS